Eckert · Scherenberg · Schandro | Lehrergesundheit

Bildung und Unterricht

Marcus Eckert
Viviane Scherenberg
Eva Schandro

Lehrergesundheit

Selbst- und Fremdfürsorge stärken

Reclam

Sollte diese Publikation Links auf Webseiten Dritter enthalten, so übernehmen wir für deren Inhalte keine Haftung, da wir uns diese nicht zu eigen machen, sondern lediglich auf deren Stand zum Zeitpunkt der Erstveröffentlichung verweisen.

RECLAMS UNIVERSAL-BIBLIOTHEK Nr. 14409
2024 Philipp Reclam jun. Verlag GmbH,
Siemensstraße 32, 71254 Ditzingen
Gestaltung: Cornelia Feyll, Friedrich Forssman
Druck und Bindung: Esser printSolutions GmbH,
Untere Sonnenstraße 5, 84030 Ergolding
Printed in Germany 2024

ISBN 978-3-15-014409-1

Auch als E-Book erhältlich

www.reclam.de

Inhalt

1 Forschungsstand Lehrergesundheit: Sollbruchstellen und Stellschrauben

Lehrkräftegesundheit ist ein hochaktuelles und hochrelevantes Thema. Erstens wird zunehmend deutlich, dass in Zeiten von Personalnot jede einzelne Lehrerin, jeder einzelne Lehrer unbedingt gebraucht wird. Ihr Fehlen belastet die Kolleg*innen und das System spürbar. Zweitens beeinflusst die Gesundheit der Lehrkräfte die Qualität von Interaktionen und von Lehr-Lernprozessen. Wer Qualität will, sollte Gesundheit fördern. Drittens dienen Lehrer*innen als Rollenvorbilder und Verhaltensmodelle. Ungesunde Verhaltensweisen können die Schüler*innen ungewollt und unbewusst beeinflussen und damit nachhaltig deren Gesundheit beeinträchtigen. Von dem menschlichen und persönlichen Leid, das mit psychischen und körperlichen Erkrankungen einhergeht, ist dabei noch gar nicht die Rede. All diese Gründe (sowie alle hier nicht genannten Gründe) sollten wir zum Anlass nehmen, Lehrkräftegesundheit auf allen Ebenen zu fördern.

Leider sieht die Realität – sicher dem Personalmangel geschuldet – in Teilen deutlich anders aus. Im Januar 2023 hat die Ständige Wissenschaftliche Kommission (SWK) in der Kultusministerkonferenz (KMK) sechs Vorschläge präsentiert, wie man dem Lehrkräftemangel begegnen könne. So wurde beispielsweise vorgeschlagen, die Stundenzahl der vorhandenen Lehrkräfte zu erhöhen und die Klassen zu vergrößern, um auf diese Weise die Unterrichtsversorgung zu verbessern. Zugleich stellte die Kommission klar, dass sie sich der zusätzlichen Belastung für Lehrkräfte bewusst sei. Deswegen schlugen die Wissenschaftler*innen vor, mehr Angebote zur Gesundheitsvorsorge zu schaffen wie beispielsweise Coachings, Achtsamkeitstrainings oder Supervision (Tagesschau; 27.1.2023). Lehrerverbände reagierten empört. Maike Finnern, Vorsitzende der Gewerkschaft Erziehung und Wissenschaft (GEW) sagte: »Das ist blanker Hohn! Diese Empfehlungen der SWK werden die ohnehin überlasteten Lehrkräfte nur zusätzlich belasten« (GEW, 27.1.2023).

Wie sind die Vorschläge der Ständigen Wissenschaftlichen Kommission mit Blick auf die Lehrkräftegesundheit zu bewerten? Und wie die Einschätzung von Maike Finnern? Grundsätzlich sind strukturelle und organisatorische Maßnahmen, die auf die Rahmenbedingungen abzielen (z.B. gute Arbeitszeitmodelle), wesentlich effektiver als Maßnahmen, die auf der Verhaltensebene Einzelner ansetzen (z.B. Achtsamkeitstrainings). Im zweiten Kapitel nehmen wir Sie deshalb in das Spannungsfeld zwischen Verhaltens- und Verhältnisprävention mit. In den weiteren Kapiteln beleuchten wir Handlungsfelder zur Förderung der Lehrkräftegesundheit, die tendenziell eher verhaltensbezogen ist. Wir legen diesen Schwerpunkt, obgleich wir wissen, dass die Veränderung von Rahmenbedingungen effektivier wäre. Der Grund dafür ist pragmatischer Natur: Wir vermuten, dass Sie als Leser*innen eher Ihr Verhalten (und Erleben) beeinflussen können als die Rahmenbedingungen. In diesem Sinn zielt dieses Buch darauf ab, Ihnen Impulse zur Förderung Ihrer Gesundheit an die Hand zu geben, die wir jedoch mit Theorien und Evidenz unterlegen.

Lassen Sie uns einen kurzen Blick auf wichtige Studien und relevante Zahlen werfen, bevor wird den Fokus auf praxistaugliche Ansätze zur Förderung der Lehrer*innengesundheit richten. Bereits vor der Pandemie zeigten Marina García-Carmona und Kolleg*innen in einer Metaanalyse an einer Gesamtstichprobe von über 14 000 (!) Lehrkräften auf, dass die Lehrtätigkeit in Schulen mit einem hohen Burnoutrisiko einhergeht (García-Carmona, Marín & Aguayo, 2019). Belinda Agyapong und ihre Kolleginnen geben einen Überblick über klinisch relevante Störungsbilder bei Lehrkräften, die mit Belastungen assoziiert sind: Etwa 25 % bis 74 % leiden unter Burnout, belastender Stress variiert von ca. 8 % bis 87 %, Angststörungen von 38 % bis etwa 41 % und Depression von 4 % bis 77 % (Agyapong u. a., 2022). Zwei Dinge werden offensichtlich: Erstens sind die Belastungen von Lehrkräften überdurchschnittlich hoch und damit auch die Gefahr, psychisch zu erkranken. Zweitens weisen die Zahlen große Varianzen auf. Das deutet daraufhin, dass die Belastung nicht alleine und automatisch durch die Lehrtätigkeit an sich generiert wird, sondern dass viele Faktoren hier eine Rolle spielen, die zu diesen großen Varianzen führen. Diesen Spielraum gilt es zu erkunden und zu nutzen.

Uns ist es wichtig, Ihnen, liebe Lehrerinnen und Lehrer, Möglichkeiten an die Hand zu geben, mit denen Sie verhaltensbezogen Ihre Gesundheit selbstständig und niederschwellig fördern können. Obwohl verhältnisbezogene Ansätze insgesamt effektiver sind, laden wir Sie ein, auch verhaltensbezogene Quellen der Gesundheitsförderung zu nutzen, denn diese liegen unmittelbar in Ihrer Hand. Wir wollen Sie auf diese Weise einladen, Möglichkeiten zu einer guten Selbstfürsorge zu erproben und in ihren Schulalltag zu implementieren.

Zugleich werden wir aufzeigen, warum Verhaltensprävention alleine nicht ausreicht. Im *zweiten Kapitel* werden wir Verhaltens- und Verhältnisprävention in der Lehrergesundheit gegenüberstellen. Sie werden erfahren, welche Maßnahmen notwendig wären, um die Gesundheit nachhaltig zu fördern. Auch wenn Sie als einzelne Lehrkraft wenig ausrichten können, so kann dieses Kapitel doch Gestaltungshinweise für schulpolitisches Handeln geben und spricht auf besondere Weise die unterschiedlichen Akteure an (z. B. Verbände, Behörden, Landesprogramme, aber auch einzelne Schulen).

Ein wesentlicher Faktor zur Stärkung der Lehrerinnen- und Lehrergesundheit ist die Selbstfürsorge. Wenn Menschen häufig schwierige oder herausfordernde Situationen erleben, kann sich das auf deren Wohlbefinden niederschlagen. Personen, die eine Haltung des Selbstmitgefühls, der Achtsamkeit und der Selbstfürsorge einnehmen, erleben diese Situationen häufig als weniger belastend (Coaston, 2017). Die Sorge für andere (z. B. Kolleg*innen oder Schüler*innen) kann von Lehrkräften sowohl als belastend als auch als auch als bereichernd erlebt werden. Im *dritten Kapitel* wird das Spannungsfeld der Selbst- und Fremdfürsorge aufgezeigt. Es werden relevante Faktoren herausgearbeitet, die sich günstig auf die Gesundheit und auf das Wohlbefinden auswirken. Neben einer kurzen Betrachtung der Pflicht zur Selbst- und Fremdfürsorge wird der Fokus darauf gelegt, wie es im Alltag gelingen kann, trotz teilweise schwieriger Bedingungen mental zu wachsen und gesund zu bleiben. Hierfür wird insbesondere das Konzept des Growth-Mindsets und dessen praktische Implikationen in den Blick genommen.

Der Lehrberuf ist ein interaktionsstarker Beruf – und zugleich nehmen sich viele Lehrerinnen und Lehrer immer noch als Einzelkämpfer wahr (Ebenberger & Engelbrecht, 2019), obgleich die Kooperation in Kollegien erfreulicherweise zunimmt. Kooperation und gegenseitige Unterstützung sind Faktoren, die dem Belastungserleben entgegenwirken. Insbesondere ist die *wahrgenommene* soziale Unterstützung wichtig und wiegt schwerer als die Erleichterung, die die reine praktische Unterstützung tatsächlich bringt. Aus diesem Grunde erarbeiten wir im *vierten Kapitel*, wie Sie Möglichkeiten der sozialen Unterstützung fördern und kultivieren können. Zudem steht die Wahrnehmung – also das Bemerken sozialer Unterstützung – im Zentrum.

Das Phänomen der erlernten Hilflosigkeit beschreibt einen Zustand von Personen, der von der erlernten Überzeugung gekennzeichnet ist, Anforderungen nicht bewältigen, Probleme nicht lösen und Situationen nicht verändern zu können (Cohen, Rothbart & Phillips, 1976). Das Erleben von Kontrollverlust und Hilflosigkeit, insbesondere die generalisierte Erwartung, wirkungslos zu sein, ist ein Risikofaktor für psychische und physische Erkrankungen (Boddez, Van Dessel & De Houwer, 2022). Lehrer*innen, die ein geringeres Ausmaß an Selbstwirksamkeitserwartung haben, reagieren beispielsweise auf unerwünschtes Schülerverhalten schneller mit Stress (Hussain, Khan & Bidar, 2022). Unter Lehrkräften ist die Tendenz, sich zu sorgen und zu grübeln, verbreitet, die u. a. auch den Schlaf beeinträchtigen kann (Gierc u. a., 2023). Selbstwirksamkeit ist auch hier ein schützender Faktor (Roberts u. a., 2020). Im *fünften Kapitel* erarbeiten wir, wie Lehrerinnen und Lehrer das Erleben von Selbstwirksamkeit in der Schule steigern können.

In interaktionsstarken Berufen spielt die Emotionsarbeit eine wesentliche Rolle. Personen, die professionell mit Menschen arbeiten, müssen ihre Emotionen an die Anforderungen anpassen und zugleich authentisch wirken. Wie kann eine solche professionelle Authentizität gelingen? Zudem bringen soziale Interaktionen vielfach emotionale Herausforderungen und sozialen Stress mit sich. Nicht alle Schüler*innen sind bildungswillig. Nicht immer sind Interessen der Schule und des Elternhauses deckungsgleich. Lehrer*innen benötigen effektivere Emotions- und Stressregulationsstrategien als der Bevölkerungsdurchschnitt. Daher wird im *sechsten Kapitel* die Emotionsarbeit, die Stressbewältigung und die emotionale Kompetenz in den Fokus gerückt.

Viele Lehrer*innen leiden unter Schlafproblemen. Vielfach liegt das daran, dass sie ungelöste Probleme, schwierige Interaktionen oder Befürchtungen nicht loslassen können und dass diese zu Sorgen oder zum Grübeln führen. Deswegen werden im *siebten Kapitel* Hintergründe zum gesunden Schlaf vermittelt und Strategien zu dessen Förderung vorgestellt. Dabei liegt ein besonderer Fokus auf dem Umgang mit Grübeln.

Insgesamt soll dieses Buch Ihnen Hintergründe nahebringen und Anregungen vermitteln, wie Sie Ihre Gesundheit im Lehrberuf stärken und aufrechterhalten können. Dafür haben wir Impulse entwickelt, die darauf abzielen, die theoretischen Hintergründe in eine gelebte Praxis zu überführen. Nicht alle Ansätze sind für jeden gleich hilfreich. Wir empfehlen, dass Sie sich die Ansätze auswählen, die für Sie hilfreich sind. Zugleich möchten wir Sie ermutigen, sich Hilfe zu suchen, wenn Sie bemerken, dass Sie hochbelastet sind. Viele der Impulse und Übungen zielen nicht nur darauf ab, dann zu helfen, wenn Sie bereits belastet sind, sondern dienen auch der Gesunderhaltung im Sinne der Prävention.

2 Präventive Ansätze der Lehrergesundheit: Verhaltens- und Verhältnisprävention

Die Gesundheit von Lehrer*innen zu fördern ist nicht nur wichtig, sondern eine gesetzliche Pflicht. So heißt es z. B. im § 47 des Thüringer Schulgesetzes: »Gesunde Lebensweise ist an jeder Schule aktiv zu gestalten.« Auch der § 59 des Schulgesetzes NRW legt fest, dass die Schulleitung für »die Unfallverhütung sowie eine wirksame Erste Hilfe und für den Arbeits- und Gesundheitsschutz verantwortlich« ist. Neben diesen und weiteren gesetzlichen Verpflichtungen (z. B. psychische Gefährdungsbeurteilung, siehe § 5 Arbeitsschutzgesetz) rückt das Thema der schulischen Gesundheitsförderung immer mehr in den Fokus (Dadaczynski, 2021). Dies nicht ohne Grund, denn Schule als ein bedeutendes gesundheitsbezogenes Setting kann die Gesundheit von Lehrer*innen (und Schüler*innen) positiv wie negativ beeinflussen. Dabei gibt es viele unterschiedliche Risikofaktoren bzw. Stressoren, die die psychische, körperliche und soziale Gesundheit beeinträchtigen können. Die gute Nachricht ist: Es gibt eine Vielzahl an Möglichkeiten, um die Lehrergesundheit systematisch zu stärken. Bevor wir uns mit den unterschiedlichen präventiven Interventionen auseinandersetzen, wollen wir erst einmal exemplarisch schauen, welche vielfältigen Faktoren die Gesundheit von Lehrer*innen negativ beeinflussen können.

Beispiele für gesundheitliche Risikofaktoren (NAK, 2017; Wedecker & Esch, 2022):

- *umweltbezogene und chemische Faktoren:* Lärm, Hitze, Gefahrenstoffe im Fachunterricht
- *psychische Faktoren:* Unsicherheit, Versagensängste, Hilflosigkeit, Mobbing
- *soziale Faktoren:* Konflikte, Konkurrenz, mangelnde Anerkennung, Gewalterfahrungen
- *strukturelle Faktoren:* ungenügende Infrastruktur in Schulen, ungenügender Zugang zu Beratung und unterstützenden Dienstleistungen
- *arbeitsorganisatorische Faktoren und Leistungsfaktoren:* unklare bzw. widersprüchliche Anweisungen, mangelnde Mitwirkungsmöglichkeiten, Überforderung, enge Zeitvorgaben, Bürokratisierung, Informationsüberflutung, Arbeitsverdichtung
- *gesellschaftliche Faktoren:* Diskriminierung, Stigmatisierung, Erwartungsdruck von Eltern
- *alltagsbezogene Faktoren:* familiäre Verpflichtungen (Pflege von Angehörigen, Kinderbetreuung, finanzielle Sorgen)
- *kritische Lebensereignisse, traumatische Ereignisse und biografische Übergänge:* Tod einer engen Bezugsperson, Trennung oder Scheidung

Die aufgelisteten Risikofaktoren bzw. Stressoren können nicht nur psychischen Stress auslösen, sondern sich auch auf körperlicher Ebene manifestieren und chronisch werden. So konnte eine Studie ermitteln, dass die Diagnose »Rückenschmerzen« zu 49 % auf psychische Belastungen und nur zu 40 % auf körperliche Belastungen zurückzuführen war (Bödeker u. a., 2002). In der Wissenschaft wird in diesem Zusammenhang oft von der Cinderella-Hypothese gesprochen (Hägg, 1991), die besagt, dass schon geringe Anstrengung (»Low-Level-Belastung«, z. B. Computerarbeit) muskuläre Überbelastungen zur Folge haben. Der Grund ist, dass bei niedriger Belastung nur sogenannte Cinderella-Fasern chronisch beansprucht werden. Es liegt nahe, dass auch bei Lehrkräften, körperliche Symptome psychische Ursachen haben, da diese Berufsgruppen im Vergleich zu anderen Berufsgruppen häufiger über psychische Erschöpfung berichten (Wesselborg & Bauknecht, 2023). Das bedeutet, das stets die genauen Ursachen für gesundheitliche Beschwerden analysiert werden sollten, um geeignete Maßnahmen ergreifen zu können. Dabei geht es nicht nur darum, gesundheitliche Risikofaktoren zu minimieren, sondern auch gesundheitliche Schutzfaktoren (z. B. eigene Widerstandsressourcen, soziale Unterstützung, siehe Kapitel 4.4) zu stärken.

Auch wenn die Begriffe Prävention und Gesundheitsförderung oft synonym verwendet werden und beide Ansätze darauf abzielen, das Verhalten in Gesundheitsbelangen positiv zu beeinflussen (Loss & Lindacher, 2023), gibt es wissenschaftlich gesehen Unterschiede: Denn während die Prävention sich auf die Vorbeuge spezifischer Erkrankungen und Krankheitsfolgen konzentriert, hat die Gesundheitsförderung zum Ziel, durch positiv fördernde Rahmenbedingungen die Gesundheit und das Wohlbefindens zu verbessern (Philipsborn & Geffert, 2021). Mit anderen Worten geht es bei der Prävention darum, individuelle wie kollektive gesundheitsbezogene Risikofaktoren zu vermeiden, abzuschwächen oder zu kompensieren, während die Gesundheitsförderung darauf abzielt, individuelle wie kollektive gesundheitliche Ressourcen zu fördern und somit die Gesundheit positiv zu beeinflussen (Krajic, Dietscher & Pelikan, 2023). Dabei sollte Prävention und Gesundheitsförderung keineswegs als Entweder-oder-Intervention verstanden werden, vielmehr handelt es sich bei den beiden Ansätzen um komplementäre Strategien, um die Lehrergesundheit positiv zu beeinflussen (Rosenbrock & Kümpers, 2006; Glaeske u. a., 2003).

Wir wollen uns nun anschauen, welche unterschiedlichen präventiven Interventionen Sie initiieren können, um die Gesundheit von Lehrer*innen zu fördern. Grundsätzlich können sich Maßnahmen auf das Verhalten (*Verhaltensprävention*) und/oder auf die Verhältnisse (*Verhältnisprävention*) beziehen. Oft konzentrieren sich settingbezogene Interventionen auf die Veränderung gesundheitsgefährdender Lebensweisen. Die Verhältnisprävention hingegen versucht die Gesundheit von Lehrer*innen positiv zu beeinflussen, indem Veränderungen des ökologischen, sozialen, ökonomischen oder kulturellen Umfelds bzw. der Umweltfaktoren herbeiführt werden. Verhaltenspräventive Maßnahmen sind bedeutend, da der Grund für gesundheitsschädigende Verhaltensweisen (z. B. psychische Belastungen, Alkoholkonsum) oft das Ergebnis ungünstiger Lebensumstände oder -bedingungen sind (z. B. problematische Arbeitsverhältnisse). Der Ansatz der Verhältnisprävention beruht auf der Annahme, dass ein gesundheitsschädigendes Verhalten durch eine Vielzahl äußerer Faktoren beeinflusst wird. Methodische Instrumentarien, die dazu dienen, verhaltens- und verhältnispräventive Strategien umzusetzen, sind vielfältig und können von edukativen Verfahren (Schulungen etc.), normativ-regulatorischen Verfahren (Rauchverbot etc.) bis hin zu ökonomischen Anreizen (Bonusprogramm der gesetzlichen Krankenkassen) oder Bestrafungssystemen (z. B. Tabaksteuer) reichen (Leppin, 2010). Im Folgenden erhalten Sie exemplarisch Anregungen, welche präventiven Maßnahmen im Setting Schule zur Förderung der Lehrergesundheit möglich sind (Burkhardt u. a., 2022):

- *Gesunder Körper, Bewegung und Sport:* medizinische Untersuchungen beim Betriebsärztlichen Dienst, Pausensport, Yoga- oder Sportgruppe an Ihrer Schule, physiotherapeutische Anwendungen, Stimmtraining
- *Gesunde Ernährung:* Verpflegungsmöglichkeiten an ihrer Schule, gesundes Kantinenessen, Ernährungsberatung
- *Suchtprävention:* Programm zur Raucherentwöhnung, medizinische oder psychosoziale Beratung bei Sucht
- *Aktive Beteiligung des Kollegiums an der gesundheitsförderlichen Schulgestaltung:* Gesundheitszirkel bzw. Gesprächskreise zu gesundheitlichen Problemen, Befragungen des Kollegiums zu Gesundheit und Wohlbefinden oder zu schulischen Arbeitsbedingungen, gemeinsame Schuljahresplanung des Kollegiums
- *Gesundheitsförderliche Gestaltung der Schulräume und Schulausstattung:* störungsfreier außerunterrichtlicher Arbeitsplatz, Ruhebereich, ergonomische Bildschirmarbeitsplätze, höhenverstellbare Tische
- *Stärkung effektiver Arbeitsweisen und des persönlichen Umgangs mit Arbeitsbelastungen:* Weiterbildungen zu Themen wie z. B. Konfliktmanagement, Kommunikation, Umgang mit Lärm oder Unterrichtsstörungen, pädagogische Tage

- *Stärkung pädagogischer Kompetenzen im Umgang mit herausforderndem Schulverhalten:* Weiterbildungen zu Themen, wie z. B. Konfliktmanagement, Kommunikation, Umgang mit Lärm oder Unterrichtsstörungen, pädagogische Tage
- *Stärkung eines gesundheitsförderlichen Klimas:* gemeinsame Schulprogrammarbeit von Lehrkräften sowie Lernenden, regelmäßige Schulkonferenzen, Feiern oder Feste an der Schule
- *Arbeitssicherheit und Arbeitsschutz:* Schulungen zu Erster Hilfe oder Brandschutz; Hygienemaßnahmen (z. B. Anleitungen zum richtigen Händewaschen, Desinfektionsmittel)

***Impuls:* Beschwerden, Ursachen und präventive Maßnahmen identifizieren**

Machen Sie sich einmal Gedanken, welche gesundheitlichen Beschwerden (bei Ihnen und bei Lehrkräften an ihrer Schule) besonders häufig auftreten. Welche Ursachen liegen (tatsächlich) zugrunde und welche präventiven Maßnahmen wäre geeignet, um die Gesundheit und das Wohlbefinden zu steigern?

Laut einer Studie mit 871 Lehrkräften werden aktuell eher verhältnispräventive Maßnahmen statt verhaltenspräventiver Maßnahmen nachgefragt bzw. durchgeführt. Die Ursache hierfür wird von den Autoren damit begründet, dass verhaltenspräventive Maßnahmen in Schulen eher »privat« eingestuft werden. Es scheint demnach eine Lücke zwischen Angebot und Nachfrage zu geben, da seitens der Lehrkräfte durchaus ein sehr hohes Interesse an verhaltenspräventiven Interventionen (gesunde Ernährung, Suchtprävention, Bewegungsförderung, Stressprävention etc.) sowie einer gesundheitsfördernden Schulraumgestaltung besteht, die allerdings derzeit nicht abgedeckt wird (Burkhardt u. a., 2022).

Inanspruchnahme gesundheitsfördernder Maßnahmen der letzten 24 Monate in %	Keine	Eine oder mehrere
Stärkung eines gesundheitsförderlichen Schulklimas	29,6 %	70,4 %
Arbeitssicherheit und Arbeitsschutz	48,0 %	52,0 %
Gesundheitsförderliche Schulorganisation	50,1 %	49,9 %
Stärkung pädagogischer Kompetenzen im Umgang mit (herausforderndem) Schülerverhalten	57,7 %	42,3 %
Aktive Beteiligung des Kollegiums an der gesundheitsförderlichen Schulgestaltung	73,0 %	27,0 %
Gesunde Ernährung	76,1 %	23,9 %
Stärkung effektiver Arbeitsweisen und des persönlichen Umgangs mit Arbeitsbelastung	80,7 %	19,4 %
Gesundheitsförderliche Gestaltung der Schulräume und Schulausstattung	85,9 %	14,1 %
Gesunder Körper, Bewegung und Sport	86,4 %	13,6 %
Suchtprävention	98,8 %	1,2 %

(Nach Burkhardt u. a., 2022)

***Impuls:* Bedarf und Wünsche erheben**

Prüfen Sie, welche präventiven Interventionen derzeit an Ihrer Schule existieren und welche Interventionen sich die Lehrkräfte (und Sie) wünschen, um die Gesundheit und das Wohlergehen zu fördern. Welche Ursachen bzw. Barrieren existieren, die dazu beitragen, dass Interventionen nicht in Anspruch genommen werden?

Zweifelsohne kommt der Schulleitung die Aufgabe zu, gesundheitsfördernde Rahmenbedingungen zu schaffen, um die Gesundheit der Lehrkräfte zu fördern. Die Maßnahmen können sich dabei sowohl an die gesamte Belegschaft (kollektive Prävention) als auch gezielt an einzelne Lehrkräfte (individuelle Prävention) richten. Neben der Verantwortung der Schulleitung trägt jede einzelne Lehrkraft eine Verantwortung für die eigene Gesundheit, daher kommt der Selbstfürsorge eine besondere Bedeutung zu. Im Alltagsstress und angesichts der Fürsorgepflicht gegenüber Schüler*innen rückt die hohe Bedeutung der Selbstfürsorge allerdings allzu oft in den Hintergrund. Dabei setzt Selbstfürsorge (siehe Kapitel 3) nicht nur eine Achtsamkeit, sondern zudem eine hohe Gesundheitskompetenz voraus. Hier scheint es Nachholbedarf zu geben, denn einer Studie zufolge wiesen rund die Hälfte der 420 befragten Lehrkräfte eine eingeschränkte Gesundheitskompetenz auf. Insbesondere im Bereich Prävention, psychischer Gesundheit aber auch der Beurteilung der Vertrauenswürdigkeit digitaler Informationsquellen sollten präventive Interventionen ansetzen, um bestehende Wissenslücken zu schließen (Hartmann, Rückmann & Tannen, 2020). Denn je gesundheitskompetenter Lehrkräfte sind, desto besser können sie mit berufstypischen Belastungen umgehen und die eigene Gesundheit erhalten und verbessern. Zur Kompetenzentwicklung haben u. a. die gesetzlichen Krankenkassen (GKVn) zwischenzeitlich eine Vielzahl frei verfügbarer, kostenloser Angebote (z. B. eLearning-Portale, Gesundheits-Coaching-Programme), da GKVn per Gesetz verpflichtet sind, a) die digitale Gesundheitskompetenz ihrer Versicherten zu fördern (SGB V § 20k) und b) auf einen gesundheitsbezogenen Lebensstil ihrer Versicherten positiv einzuwirken (SGB V § 20). Dies schließt sowohl Interventionen im Bereich der klassischen präventiven Handlungsfelder (Ernährung, Bewegungsgewohnheiten, Suchtverhalten, Stress) als auch Interventionen bei neueren verhaltensabhängigen Risikofaktoren (z. B. Ozonloch, UV-Belastung, Hitzestress) mit ein (Lengerke & Manz, 2007). Viele digitale Angebote der GKVn stehen der breiten Öffentlichkeit zur Verfügung und sind nicht auf den eigenen Versichertenkreis beschränkt. Solche gesundheitsfördernden Angebote schließen Podcasts, Youtube-Videos oder Apps mit ein. Auf der Suche nach gesundheitsbezogenen Angeboten, die z. B. im Internet oder in App-Stores zur Verfügung stehen, sollte immer auf die Seriosität geachtet werden. Merkmale, anhand deren seriöse Gesundheitsinterventionen erkannt werden können, sind z. B. Anbieterqualifikationen, die Tatsache, dass die Angebote keinerlei Werbung enthalten, realistische gesundheitliche Versprechungen vorgenommen werden (nicht z. B. »topfit und schlank in 14 Tagen«) oder die zugrundeliegenden wissenschaftlichen Quellen (z. B. medizinische Leitlinien, Studien) offengelegt werden. Im Folgenden erhalten Sie exemplarisch ein paar Tipps für unterschiedliche Projekte rund um das Thema Gesundheit (in Schulen), aber auch für unterschiedliche Zielgruppen:

- *Digitale Gesundheitskompetenz:* Das Projekt Durchblick der Barmer (www.durch-blick.de) hat zum Ziel, die digitale Gesundheitskompetenz von Lehrer*innen und Schüler*innen zu fördern. Auf der Projekt-Seite finden sich eine Vielzahl an Unterrichtsmaterialen.
- *Hitze- und UV-Schutz:* Die Bundeszentrale für gesundheitliche Aufklärung (BZgA) bietet auf der Internetseite www.klima-mensch-gesundheit.de Informationen und Tipps rund um das Thema Hitze- und UV-Schutz für das Setting Schule.
- *Gesundheitsförderung an und in Schulen:* Die Online-Plattform »GrundGesund« (www.grundgesund.bzga.de) der BZgA bietet eine Vielzahl an Anregungen zur Förderung der Gesundheit auf organisatorischer (Schule) als auch auf individueller Ebene (Lehrer*innen, Schüler*innen und Eltern).
- *Frauengesundheit:* Auf der Internetseite www.frauengesundheitsportal.de werden von der BZgA eine Vielzahl an Gesundheitsthemen angesprochen, die sich auf Frauen beziehen.
- *Männergesundheit:* Das Männergesundheitsportal (www.maennergesundheitsportal.de) bietet qualitätsgeprüfte Informationen und praktische Tipps rund um die Gesundheit von Männern.
- *Gesundheit im Alter:* Das Portal »Gesund und aktiv älter werden« (www.gesund-aktiv-aelter-werden.de) der BZgA konzentriert sich darauf, gesund älter zu werden. Der

Fokus liegt insbesondere auf dem präventiven Handlungsfeld Bewegung.

- *Online-Coaching:* geführte, kostenlose Online-Coaching-Angebote (z. B. Fitness-Coach, Schlaf-Coach, Ernährungs-Coach, Stress-Coach, Pflege-Coach) der Betriebskrankenkassen (BKKn), die in der Regel über einen Zeitraum von 10 Wochen durchgeführt werden, finden Sie auf der Internet-Seite www.e-coaches.de.

Wie bereits angemerkt, gibt es unterschiedliche gesundheitsbezogene Youtube-Kanäle (z. B. Stiftung Gesundheitswissen), in denen neben Videos rund um das Thema Gesundheit Wissen vermittelt und praktische Anleitungen (z. B. »Rückentraining ohne Geräte«, »Gesund essen im Job«, »Wie kann ich Stress abbauen?«) zu finden sind.

***Impuls:* Individuelle Prävention – Angebote prüfen**

Sie haben bereits mit der Hilfe des letzten Impulses Ihren Bedarf ermittelt. Nun informieren Sie sich bei Ihrer Krankenkasse über Präventionsprogramme, um Ihre gesundheitlichen Vorsätze in die Tat umzusetzen.

Während diese Präventionsangebote der individuellen Prävention zugeordnet werden können, stellen Maßnahmen, die sich auf die Gesundheit aller Angehörigen in Ihrer Schule beziehen, settingbezogene Präventionsinterventionen dar. Werden präventive und gesundheitsfördernde Interventionen im Setting Schule initiiert, so können grundsätzlich die zwei folgenden Umsetzungsstrategien verfolgt werden (Rosenbrock & Michel, 2007):

1. *Gesundheitsförderung in Schulen:* Hierbei handelt es sich um die Einführung von gesundheitsfördernden und präventiven Maßnahmen in der Schule.
2. *Gesundheitsfördernde Schulen:* Eine gesundheitsfördernde Schule geht hingegen einen Schritt weiter und stellt Partizipation und Organisationsentwicklung in den Mittelpunkt des Handelns. Folglich handelt es sich um einen grundsätzlichen Politik- und Strategiewechsel, da alle Beteiligten einbezogen werden und auf diese Weise gesundheitsförderliche Aspekte in den täglichen Alltag integriert werden.

Der Unterschied zwischen den beiden Umsetzungsstrategien wird anhand der folgenden Tabelle deutlich.

	Gesundheitsförderung in Schulen	**Gesundheitsfördernde Schulen**
Ausgangslage	gesundheitliche Problemstellung	gesundheitliche Problemstellung
Zielgruppe	einzelne Personengruppen	alle schulischen Personengruppen
Sichtweise	Schule als Ort, an dem man die Zielgruppe erreicht	Schule als Ort, der gesundheitsförderlich gestaltet werden kann
Konzept	Gesundheitsförderung in der Schule	Gesundheitsförderung durch die Schule
Motto	Gesundheit zum Thema der Lehrer*innen machen	Gesundheit zum Thema der Schule machen

Strategie	Veränderung individueller Determinanten von Gesundheit	Veränderung strukturell-systemischer Determinanten von Gesundheit
Outcome	Wissen, Einstellungen, Verhalten	Rahmenbedingungen und Strukturen

(Nach Paulus & Dadaczynski, 2016)

Wie bereits erwähnt, kann sich die Gesundheit von Lehrer*innen in Schulen auf die Verhaltensprävention (Gesundheitsförderung in Schulen) und auf die Verhaltens- und Verhältnisprävention (gesundheitsfördernde Schule) beziehen. In Abhängigkeit des gewählten Ansatzes unterscheiden sich die Ziele, Zielgruppen und Maßnahmen voneinander (siehe folgende Tabelle). Zielgruppenbezogene Ansätze konzentrieren sich auf die Lehrer*innen als Individuen und deren gesundheitliche Verhaltensweisen, während bei strukturbildenden Ansätzen (der Betrieblichen Gesundheitsförderung) der Fokus darauf liegt, die Ursachen gesundheitsschädlicher Verhaltensweisen zu reduzieren und gesundheitsfördernde Rahmenbedingungen im Setting Schule zu schaffen.

	Zielgruppenbezogener settingorientierter Ansatz	**Strukturbildender settingorientierter Ansatz**
Fokus der Veränderung	Wissen, Einstellungen und Verhalten von Lehrer*innen	Strukturen und Prozesse in Schulen

Zielgruppe	Lehrer*innen	Lehrer*innen/ Führungskräfte
Ziel	Erhöhung der persönlichen Coping-Strategien zur Bewältigung der Anforderungen	Optimierung der Aufbau- und Ablauforganisation zur flexiblen Gestaltung der Arbeitsfähigkeit der Lehrer*innen
Maßnahme	Sensibilisierung und Coping-Kurse	Prozessgestaltung und Organisationsentwicklung

(Nach Scherenberg, 2022, angelehnt an Franzkowiak, 2006).

Anzumerken ist, dass die Betriebliche Gesundheitsförderung als ein bedeutender Teil des Betrieblichen Gesundheitsmanagements freiwillig ist, während andere Bereiche (z. B. Arbeitsschutz, psychische Gefährdungsbeurteilung, Eingliederungsmanagement) gesetzlich vorgeschrieben sind. Anregungen zum Aufbau und der dauerhaften Installation eines Gesundheitsmanagements an Schulen bietet beispielsweise der Handlungsleitfaden der Landesvereinigung für Gesundheit und Akademie für Sozialmedizin Niedersachsen e. V. (LVG & AFS, 2022). Weitere hilfreiche Unterlagen rund um das Themenfeld Arbeits- und Gesundheitsschutz (z. B. Informationen, Anleitungen sowie Materialien zur Gefährdungsbeurteilung) und damit zur Erfüllung der gesetzlichen Fürsorgepflicht können zudem auf der Internetseite www.arbeitsschutz-schulen-nds.de eingesehen werden.

3 Fürsorgepflicht und Selbstfürsorgepflicht

Arbeitgeber*innen haben generell eine Fürsorgepflicht. Darunter versteht man, dass sie Leben und Gesundheit von Arbeitnehmer*innen schützen. Sie sind verpflichtet, für Schutz vor Unfällen Sorge zu tragen und einen adäquat ausgestatteten Arbeitsplatz zu bieten. Das bedeutet, dass Arbeitnehmer*innen generell in die Lage versetzt werden sollten, ihre Tätigkeit zu verrichten, ohne gesundheitlichen Schaden zu nehmen. Sollte ein Risiko bestehen, gehört es zu den Pflichten der Arbeitgeberin, auf diese hinzuweisen.

Für Sie als Lehrer*innen ist das jeweilige Bundesland für die Fürsorge und damit auch für die gesundheitliche Fürsorge zuständig. Sollte es durch Mängel zu gesundheitlichen Gefährdungen kommen, helfen und beraten in der Regel Personal- bzw. Lehrerrat. Gewerkschaften und Berufsverbände bieten zudem Unterstützungen an.

Es ist kein Geheimnis, dass die Arbeit an Schulen sehr unterschiedlich belastend und die Arbeitsplätze von Lehrer*innen unterschiedlich gut für die Ausführung der Tätigkeit geeignet sind. Darüber hinaus kann der Lehrberuf zwar als ein sehr lohnenswerter, aber auch als ein belastender Beruf angesehen werden, der mit hohen Stress-, Angst- und Burnoutwerten einhergeht (Agyapong u.a., 2022). Neben den deutlich komplexeren und verdichteten Arbeitsbedingungen führt v.a. das Gefühl von Kontrollverlust und Wirkungslosigkeit bzw. Hilflosigkeit zu Angst- und Burnoutdiagnosen im Lehrberuf. Dazu kommt ein hohes Maß an Emotions- und Beziehungsarbeit, die als belastend erlebt werden können (s. Kapitel 6).

Wenn die Erhaltung und Förderung der Lehrkräftegesundheit im Spannungsfeld zwischen Selbst- und Fremdfürsorge betrachtet wird, ergibt sich ein recht komplexes Geflecht. Einerseits sind die Bedingungen an Schulen oftmals nicht hinreichend gut, um die Gesundheit und Arbeitsfähigkeit zu schützen und aufrechtzuerhalten. Andererseits können beispielsweise im Zuge des Fachkräftemangels keine Lehrkräfte zur Entlastung eingestellt werden, wenn es keine geeigneten Bewerber*innen gibt. Auch die Auslegung, was es bedeutet, seine Tätigkeit adäquat erledigen zu können, variiert. In diesem komplexen Geflecht haben sich risikoreiche und gesundheitsförderliche Arten des Umgangs mit den offensichtlichen Mängeln herausgestellt.

Sind Mängel in der Fürsorgepflicht durch die Arbeitgeberin offenkundig und können durch diese gelöst werden, lohnt es sich oft, Unterstützung z. B. vom Lehrer-/Personalrat in Anspruch zu nehmen und für eine Verbesserung der Situation einzutreten. Allerdings führt das nicht immer zu einer Verbesserung. In einigen Fällen kann es zu einer zu starken Fokussierung auf die erfahrene Ungerechtigkeit kommen, ohne dass es eine Lösung in absehbarer Zeit gibt. Eine zu starke Fokussierung auf das Einfordern der Fürsorge durch die Arbeitgeberin ohne eine Aussicht auf Erfolg kann die Gesundheit noch stärker beanspruchen, da dies oft mit Kontrollverlust und Verbitterung einhergeht. Wie kann es aber gelingen, seine Rechte einerseits geltend zu machen und andererseits nicht durch den Kontrollverlust zu verbittern?

Es ist eine zentrale Aufgabe von Verbänden und Gewerkschaften, sich für die Belange der Lehrkräfte politisch zu engagieren. Sie nehmen die Länder in die Pflicht und formulieren Forderungen zu Verbesserungen der Lage. Sie gestalten aktiv mit. Ein möglicher Weg ist es, sich in Verbänden und/oder Gewerkschaften zu engagieren. Denn diese Art der Arbeit wirkt in der Regel den Gefühlen von Kontrollverlust entgegen. Man erlebt sich als gestaltend und man ist in eine sinngebende Gemeinschaft eingebettet.

Neben der im weitesten Sinne juristischen Ebene (Einfordern der Fürsorgepflicht) und der politischen Ebene, auf der ein Verständnis von zu leistender Fürsorge und Ansprüchen an den Arbeitsplatz Schule ausgehandelt oder erkämpft wird, gibt es noch die Ebene der Selbstfürsorge. Diese wird im Folgenden stärker fokussiert. Denn auf dieser Ebene können Sie am schnellsten selbst wirksam werden. Es soll jedoch nicht verschwiegen werden, dass Änderungen auf der System- und Organisationsebene die größten Effekte haben. Nur lassen diese sich oft nicht so schnell verändern. Deswegen gilt, dass alle drei Ebenen wichtig sind und sich nicht ausschließen sollen. Selbstfürsorge kann und darf weder das Aushandeln auf der politischen Ebene noch das Einfordern von arbeitgeberseitiger Fürsorge ersetzen.

Aber genauso können auch die beiden letztgenannten Ebenen nicht an die Stelle der Selbstfürsorge treten. Denn auch unter optimalen Rahmenbedingungen wird der Lehrberuf belastend bleiben. Lehrer*innen werden nach wie vor nicht nur bildungswillige Kinder und Jugendliche unterrichten, werden nach wie vor Erziehungsarbeit übernehmen müssen und werden nach wie vor mit schweren Schicksalen und Konflikten konfrontiert sein. Darüber hinaus ist der Lehrberuf ein interaktionsstarker Beruf, der mit Emotionsarbeit (s. Kapitel 6) und Kontrollverlust (s. Kapitel 5) einhergeht. Deswegen sollten Selbstfürsorge und Psychohygiene – unabhängig von den Rahmenbedingungen – zum Selbstverständnis von Lehrer*innen gehören – vergleichbar mit dem täglichen Zähneputzen.

Selbstfürsorge kann auch gemeinschaftlich praktiziert werden. Der emeritierte Psychologieprofessor Bernhard Sieland fordert seit langem neben dem pädagogischen Leitbild auch ein Gesundheitsleitbild, dem sich Lehrerinnen und Lehrer verpflichten – und zwar, um mittel- bis langfristig in der Lage zu bleiben, das pädagogische Leitbild leben und umsetzen zu können (Sieland, 2022). Gesundheit und Bildung sollten zusammengedacht werden. Hin und wieder kann es in diesem Sinne wichtig sein, ein Nein zu anderen Personen oder zu Tätigkeiten zu formulieren, um sich um die eigene Gesunderhaltung zu kümmern.

Diese Abwägung ist im Alltag oft schwer, da es keine objektiven Kriterien gibt und da das Nein zu Aufgaben oder zu den Erwartungen anderer vielfach nicht mit Lob von außen und zudem mit einem schlechten Gewissen von innen einhergeht. Wer über ein aktives inneres Gesundheitsleitbild verfügt, hat auch einen inneren Kompass, wann er/sie Ja zu anderen oder Aufgaben sagt und wann er/sie Ja zu sich sagt. Vielfach entwickelt sich dieser Kompass, wenn Menschen die Frage für sich klären, wie sie leben wollen. Dazu gehört es, die eigenen Werte zu klären, zu überprüfen und gegebenenfalls zu erweitern. Darüber hinaus ist es sinnvoll zu verstehen, welche Bedürfnisse und Motive einen in welchen Situationen leiten. Aus diesen können sich Erwartungen an sich selbst und an andere ableiten, die mitunter zu einer interessierten Selbstgefährdung führen (Krause u. a., 2012).

Krause, Dorsemagen und Peters (2011) beschreiben das Phänomen interessierter Selbstgefährdung so: »Mit ›interessierter Selbstgefährdung‹ meinen wir ein Verhalten, bei dem man sich selbst dabei zusieht, wie das persönliche Arbeitshandeln die eigene Gesundheit gefährdet – aus einem Interesse am beruflichen Erfolg heraus. Beispiele sind etwa: krank zur Arbeit kommen, auf Erholungspausen verzichten, am Wochenende oder im Urlaub arbeiten, länger als zehn Stunden am Tag arbeiten, in einem hohen Ausmaß unbezahlte Überstunden leisten.« (S. 14)

Wer die eigenen Erwartungen und Erwartungsfallen kennt, wird mit größerer Wahrscheinlichkeit gegensteuern können. Deswegen stellen wir im Folgenden den Growth-Coaching-Ansatz vor, in dem wir Sie zu punktueller Selbstentwicklung und Nutzung von für Sie geeigneten präventiven Maßnahmen (s. Kapitel 2) einladen. Auf diese Weise arbeiten Sie implizit an Ihrem Gesundheitsleitbild, um Ihre Selbstfürsorge zu stärken.

3.1 Selbstfürsorge durch gegenseitige kollegiale Verantwortung und Unterstützung (Growth Coaching)

In diesem Buch finden Sie verknüpft mit den Theorien und Ansätzen viele Impulse, die Ihre gesunde Selbstentwicklung und Selbstfürsorge anregen sollen. Erfahrungsgemäß funktioniert das deutlich besser, wenn man sich gemeinsam mit anderen auf die Reise begibt. Aus diesem Grund lernen Sie in diesem Abschnitt das Growth Coaching kennen – einen Peer-Coaching-Ansatz. Dieser basiert auf dem Ansatz Kooperative Entwicklungssteuerung und Selbstmanagement (KESS), der ursprünglich in der Lehrkräftefort- und -ausbildung eingesetzt wurde (Eckert, Ebert & Sieland, 2013; Wuttig, 2008). Diesen Ansatz haben wir für den Einsatz für Schüler*innen weiterentwickelt (Eckert, Tarnowski & Mertens, 2019); an dieser Stelle soll der weiterentwickelte Ansatz vorgestellt und für die Stärkung der Lehrkräftegesundheit adaptiert werden. Wir empfehlen generell, die folgenden Kapitel 4 bis 7 (»Stellschrauben«) nach diesem Verfahren in einer Dreiergruppe zu bearbeiten.

Im Growth Coaching gibt es drei vordefinierte Rollen, die Sie sich nach und nach erarbeiten: (1) Selbstentwickler*in, (2) Berater*in und (3) Supervisor*in. Während einer Growth-Coaching-Session nimmt jeder von Ihnen nacheinander alle Rollen an, so dass jeder einmal Selbstentwickler*in, Berater*in und Supervisor*in ist. Die Logik hinter dem Rollenwechsel besteht darin, dass Sie nach und nach lernen, Impulse, Entwicklungen und Herausforderungen aus allen drei Perspektiven zu betrachten und auf diese Weise die Perspektiven internalisieren. Dies führt zu einer deutlichen Flexibilisierung und Stärkung der Handlungsmöglichkeiten im Alltag. Der eigene Horizont wird dadurch erweitert.

Im Folgenden werden die drei Rollen und der Growth-Coaching-Prozess skizziert.

***Tipp:* Vertiefende Informationen zum Growth Coaching**
Weiterführende Informationen, Veranstaltungen und Unterstützungsangebote zum Growth Coaching finden Sie unter: *www.growth-institut.de/growth-coaching*.

Rolle: Selbstentwickler*in. Der ursprüngliche Gedanke besteht darin, dass Sie sich in der Rolle der Selbstentwickler*in ein Entwicklungsprojekt auswählen, an dem Sie Stück für Stück wachsen. In der Regel entwickeln Sie eine Art mentales »Spiralcurriculum« für Ihre eigene Entwicklung. Berater*in und Supervisor*in unterstützen Sie in Ihrem Vorhaben, sie sortieren mit Ihnen anstehende Themen und begleiten Sie in Ihrer Entwicklung, so dass auf diese Weise Persönlichkeitswachstum spürbar und sichtbar wird. Ein zusätzlicher Effekt der gegenseitigen strukturierten Unterstützung besteht darin, dass sie die Vorteile von Kooperation für die mentale Gesundheit nutzen. Zudem werden Sie vielfach erkennen, dass Sie nicht alleine mit Ihren Gedanken, Problemen, Zweifeln und Ideen sind. Das tut gut.

Im hier gegebenen Rahmen beschränken wir uns auf die Impulse zur Stärkung Ihrer Gesundheit. Wählen Sie gezielt Impulse aus und bearbeiten Sie diese. Die Berater*in begleitet Sie, während die Supervisor*in für die Entwicklung eines guten und hilfreichen Prozesses zuständig ist.

Als Selbstentwickler*in verfolgen Sie Ihre Entwicklungsziele Stück für Stück und übernehmen Verantwortung für Ihre Entwicklung. Der Selbstentwicklungsprozess im Growth Coaching zielt darauf ab, Erfolgserleben und Kompetenzzuwachs anzubahnen und wahrzunehmen (s. Kapitel 5). Zugleich erarbeiten Sie sich als Selbstentwickler*in individuell und situativ passende Strategien, die darauf abzielen, wie Sie mit etwaigem Scheitern umgehen (s. Kapitel 5.4) und daraus neue Entwicklungsimpulse formulieren.

Rolle: Berater*in. In der Rolle der Berater*in begleiten Sie die Selbstentwickler*in in ihrem Entwicklungsprozess. Es geht nicht darum, dass Sie möglichst viele Ratschläge formulieren, sondern erstens durch Fragen der Selbstentwickler*in zu mehr Klarheit zu verhelfen und zweitens den Entwicklungsprozess mit der Selbstentwickler*in gemeinsam zu strukturieren (»Was ist der nächste Schritt? Was musst du als Nächstes tun? Wann machst du das? Was brauchst du dazu?«). Viele Hinweise in diesem Buch sind so angelegt, dass schon Fragen und Impulse formuliert sind, an denen Sie sich in der Rolle der Berater*in orientieren können.

Erproben Sie, was hilfreich und was weniger hilfreich ist. Entwickeln Sie unter der Moderation der Supervisor*in Ihren gemeinsamen Coaching-Prozess. In dem Maß, in dem Sie durch Reflexion Ihren Beratungsstil entwickeln, werden Sie in der Lage sein, auch sich selbst zu beraten. Hier kommt die Rolle der Supervisor*in ins Spiel, um diese Entwicklung zu begünstigen.

Rolle: Supervisor*in. Der Prozess des Growth Coaching folgt der Idee des Growth Mindset (Yeager & Dweck, 2020; s. Kapitel 5). Es zielt auf der Prozessebene darauf ab, dass Sie gemeinsam aus Ihren Erfahrungen (den hilfreichen wie auch den weniger hilfreichen) Prozess- und Beratungskompetenzen (weiter-)entwickeln. Die Moderation dieser Entwicklung liegt in der Hand der Supervisor*in.

In der Rolle der Supervisor*in haben Sie übergeordnet drei Aufgaben. Erstens behalten Sie den Ablauf im Blick. Das bedeutet, Sie achten darauf, dass verabredete Zeiten eingehalten werden, und Sie haben das Mandat, darauf hinzuweisen, wenn nicht am Thema gearbeitet oder die Rollen nicht eingehalten werden. Zweitens beobachten Sie den Beratungsprozess. Achten Sie darauf, was Ihnen auffällt. Was finden Sie hilfreich? Was hat Sie erstaunt oder irritiert? Was haben Sie nicht verstanden? Was hätten Sie anders gemacht? Drittens moderieren Sie die anschließende Reflexion des Beratungsprozesses. Dabei leiten Sie folgende Fragen:

- Welche Ergebnisse oder Benefits hatte der Beratungsprozess? Was hat die Selbstentwickler*in gelernt? Wo hat sie sich entwickelt? Welchen Mehrwert hat diese Session für sie?
- Was von dem, was Selbstentwickler*in und Berater*in getan haben, war hilfreich? Warum war es hilfreich?
- Was war weniger hilfreich?
- Was wäre hilfreich gewesen?

Es ist nicht Ihre Aufgabe, diese Fragen zu beantworten, sondern nur, sie zu stellen. Die Antworten auf diese Fragen geben Sie gemeinsam. In erster Linie sind Selbstentwickler*in und Berater*in gefragt. Allerdings dürfen auch Sie Ihre Beobachtungen einfließen lassen. Erfahrungsgemäß ist es günstig, wenn die Supervisor*in sich zunächst mit eigenen Eindrücken etwas zurückhält und diese nach und nach einfließen lässt. Die Ziele der Supervision sind:

1. Würdigung des Beratungsprozesses und Sichtbarmachen des Nutzens
2. Gemeinsame Entwicklung des Growth-Coaching-Prozesses, so dass Sie zunehmend mehr profitieren
3. Entwicklung der Beratungskompetenz der Berater*in

Damit die letzten beiden Ziele gelingen, leiten Sie gemeinsam Ziele für den nächsten Durchgang ab, der mit rotierten Rollen stattfindet. Als Supervisor*in ist es Ihre Aufgabe, das Ableiten der Ziele zu moderieren.

Die Durchführung des Growth Coaching gelingt nicht immer auf Anhieb, sondern muss nach und nach geübt und reflektiert werden. Geben Sie sich Zeit und üben Sie sich in Geduld mit sich, den anderen und dem Format.

3.3 Struktur des Peer-Coaching-Prozesses

Während der eigentliche Entwicklungsprozess im Growth Coaching etwas komplexer ist und einen diagnose- und zielgeleiteten Wachstums- und Selbstentwicklungsprozess über eine definierte Zeit verfolgt, soll in diesem Buch eine recht einfache Struktur vorgestellt werden. Nachdem Sie sich zu dritt zu einem Growth-Team zusammengefunden haben, legen Sie im ersten Schritt fest, welchen Impuls aus diesem Buch Sie verfolgen möchten. Danach legen Sie die Rollen fest. Die Session besteht aus drei Durchgängen, so dass jede*r von Ihnen alle drei Rollen innehatte.

Jeder Durchgang besteht aus (a) einer Beratungsphase (ca. 10 bis 15 Minuten, je nach Impuls), (b) einer Supervisionsphase (ca. 10 Minuten) und (c) einer Phase zum Ableiten von Zielen für den nächsten Durchgang (ca. 5 Minuten). Definieren Sie vorab die Zeiten für jede Phase und halten Sie sich an diese. Das hat sich für den Entwicklungsprozess als sehr nützlich erwiesen.

Wählen Sie die Impulse und Themen so, dass Sie Ihre Selbstfürsorge auch mittel- bis langfristig stärken.

4 Stellschraube Kooperation und soziale Unterstützung

Die Arbeit in der Schule erfordert Kooperation. Gelingt diese, ist das vielfach förderlich für die Gesundheit, die Prozessqualität und die Zufriedenheit aller Akteure. Gegenseitige Unterstützung geht mit psychischer Gesundheit einher. Nehmen Menschen sich hingegen als isoliert und allein wahr, wirkt sich das auf die psychische und die körperliche Gesundheit negativ aus. Wie wichtig und zentral das Miteinander ist, wird schon daran sichtbar, dass soziale Isolation einen vergleichbar großen Einfluss auf die Mortalität hat wie Rauchen (Holt-Lunstad u.a., 2015; Smith, Holt-Lunstad & Kawachi, 2023).

Hieraus lassen sich wichtige Implikationen für die Förderung der Lehrkräftegesundheit ableiten. Denn gerade in einem Berufsfeld, in dem die zeitlichen Ressourcen so knapp sind wie im Lehrberuf, sollten verfügbare Ressourcen besonders effektiv genutzt werden. Mit Blick auf die soziale Unterstützung bedeutet das, dass nicht nur die zur Verfügung gestellte Unterstützung gestärkt werden sollte, sondern vor allem deren Wahrnehmung und Würdigung (Eagle, Hybels & Proeschold-Bell, 2019).

Bevor wir pragmatisch überlegen, wie in Schulen das Miteinander so gestärkt werden kann, dass es sich förderlich auf die Gesundheit auswirkt, laden wir Sie zunächst zu einem Gedankenexperiment ein. Dieses scheint auf den ersten Blick keinen Bezug zur Schule zu haben. Im Anschluss daran zeigen wir, warum diese Gedanken für die Gesundheit von Lehrkräften wertvolle Informationen liefern.

4.1 Kooperation

Stellen Sie sich bitte folgende Szene vor: Sie wurden bei einem Verbrechen auf frischer Tat ertappt und werden nun von der Polizei verhört. Ihr Komplize sitzt ein paar Räume weiter und wird zur gleichen Zeit vernommen. Für die Verbrechen, die man Ihnen nachweisen kann, würden Sie vier Jahre Gefängnis bekommen. Würde alles, was Sie sich haben zuschulden kommen lassen, bekannt, könnten Sie bis zu zwölf Jahren Gefängnis bekommen. Es ist jedoch sehr sicher, dass die Ermittlungsbehörden niemals Beweise dafür fänden. Das bedeutet: Wenn Sie und Ihr Komplize schweigen, reichen die Beweise nur für vier Jahre Gefängnis aus.

Die Ermittlerinnen und Ermittler schlagen Ihnen einen Deal vor (so wie man ihn aus amerikanischen Krimis kennt): Wenn Sie alles gestehen und damit einen signifikanten Beitrag leisten, Ihren Komplizen für alle seine Verbrechen zur Rechenschaft zu ziehen, reduziert sich Ihre Strafe auf nur ein Jahr. Ihr Komplize würde dann volle zwölf Jahre bekommen. Sie ahnen, dass die Ermittlerinnen und Ermittler ein paar Räume weiter Ihrem Komplizen einen vergleichbaren Deal anbieten: Wenn er alles offenlegt, bekommen Sie eine Haftstrafe von zwölf Jahren, während Ihr Komplize nur ein einziges Jahr ins Gefängnis muss.

Entscheiden Sie sich jedoch beide gleichzeitig, zu gestehen und alle verdeckten Verbrechen offenzulegen, leistet keiner von Ihnen einen signifikanten Beitrag – schließlich hat ja jeder gestanden. Daher würden Sie vollständig zur Rechenschaft gezogen werden. Allerdings würde sich Unterstützung der Ermittlungen strafmildernd auswirken: Sie beide würden acht Jahre Gefängnis bekommen.

Sie haben also folgende Optionen:

- Option 1: Sie schweigen. Wenn Sie beide schweigen, bekommen beide vier Jahre Haft. Wenn nur Sie schweigen, Ihr Komplize jedoch auspackt, dann bekommen Sie zwölf Jahre und Ihr Komplize nur ein Jahr.
- Option 2: Sie geben der Polizei alle Informationen. Wenn Sie der Einzige sind, der »singt«, dann reduziert sich Ihre Haft auf nur ein Jahr, während Ihr Komplize zwölf Jahre bekommt. Gestehen Sie beide, bekommen beide acht Jahre.

		Person A	
		schweigt (Kooperation)	gesteht (Verrat)
Person B	schweigt (Kooperation)	Person A: 4 Jahre Person B: 4 Jahre	Person A: 1 Jahr Person B: 12 Jahre
	gesteht (Verrat)	Person A: 12 Jahre Person B: 1 Jahr	Person A: 8 Jahre Person B: 8 Jahre

***Tipp:* Video zu Kooperation**

Ein Video hierzu finden Sie unter https://lehrergesundheit-schilf.de/kooperation.

Für dieses Gedankenexperiment gibt es keine weiteren Optionen. Unglücklicherweise können Sie sich nicht mit Ihrem Komplizen beraten. Welche der beiden Optionen würden Sie wählen?

Bei diesem Gedankenexperiment handelt es sich um das sog. Gefangenendilemma (*prisoner's dilemma*), das auf den

Mathematiker Albert Tucker zurückgeht (Luce & Raiffa, 1957) und ein mathematisches Spiel der Spieltheorie darstellt. Die meisten Menschen entscheiden sich übrigens für die Variante, dass sie »auspacken« (Galla, 2011). Diese als Nash-Gleichgewicht bekannte Option führt dazu, dass für beide Personen das gemeinsam schlechteste Ergebnis herauskommt: Beide bekommen acht Jahre Gefängnis. Hätten beide einander vertraut und geschwiegen (Option »Kooperation«), hätten beide nur vier Jahre Haft bekommen.

Zwei Motive machen diese schlechtere Wahl wahrscheinlich: Erstens kann der Wunsch, sich selbst einen Vorteil zu verschaffen (nur ein Jahr Haft) eine Rolle spielen (Motiv: aktiv die eigene Situation verbessern). Zweitens kann mangelndes Vertrauen den Ausschlag geben: Wenn der Komplize alles verrät und man selbst schweigt, bekommt man das allerschlechteste Ergebnis für sich selbst (zwölf Jahre Haft), während der Komplize sogar noch belohnt wird (Motiv: Selbstschutz).

Warum ist dieses Gedankenexperiment für unser Thema Gesundheit von Lehrkräften relevant? Lehrerinnen und Lehrer sind in ihrer Arbeit immer wieder auf Kooperation angewiesen, so dass Kooperation als Ressource und als ein gesundheitsfördernder Faktor angesehen werden kann (Richter & Pant, 2016; Rothland, 2007). Dies gilt für das kollegiale Miteinander genauso wie für die Arbeit mit Schüler*innen und Eltern.

Dass die Nicht-Kooperation-Strategie vielfach gewählt wird, soll das folgende Beispiel illustrieren. Es soll deutlich werden, dass es erstens für alle Beteiligten sinnvoller und gesünder wäre, die Kooperationsstrategie zu wählen, und dass zweitens die Wahl Kooperationsstrategie mit wesentlich niedrigeren Kosten beim Scheitern verbunden ist, als es im Gedankenexperiment der Fall ist. Abschließend soll der Frage nachgegangen werden, aus welchem Grund sich die Beteiligten oft gegen die Kooperationsstrategien entscheiden, obgleich diese aus den genannten Gründen zielführender und gesundheitsförderlicher wären. Aus dieser abschließenden Analyse können dann Handlungsoptionen zur Förderung der Gesundheit und die Interaktionsqualität abgeleitet werden.

Das Beispiel: In einer Supervision arbeitet Herr Müller, Lehrer an einem Gymnasium, an Problemen mit einem Schüler, der permanent den Unterricht stört, seine Mitschüler*innen ausnutzt und sich den Lehrkräften gegenüber als respektlos zeigt. Die Arbeit mit diesem Schüler belastet Herrn Müller sehr, und er befürchtet, dass dieses Belastungserleben seine Gesundheit negativ beeinflussen wird.

Der Supervisor führt mit Herrn Müller eine Übung durch, in der es darum geht, andere Seiten des Schülers gedanklich zu erkunden, die neue Perspektiven ermöglichen. Auf diese Weise können festgefahrene Interaktionsmuster überwunden werden. Falls es nicht gelingt, positive Veränderungen in der Interaktion herbeizuführen, so führt diese Übung doch mit hoher Wahrscheinlichkeit zu einer Reduzierung des Belastungserlebens.

Ein Teil dieser Übung besteht darin, sich den Schüler in der Zukunft als etwa dreißigjährigen Mann vorzustellen, der eine positive Entwicklung gemacht hat. Der Sinn dieses Schritts besteht vor allem darin, einen neuen und positiven Blick auf den Schüler zu bekommen. Gelingt das, verändert sich erfahrungsgemäß auch die Wahrnehmung im Hier und Jetzt. In der Folge ist es wahrscheinlich, dass sich die Interaktionen positiver gestalten. Die Logik dieser Übung basiert auf einem »Vertrauensvorschuss« durch den Lehrer, der mithilfe der Übung erarbeitet wird.

Herrn Müller fiel es sehr schwer, diese Übung durchzuführen. Vor allem bestand seine Schwierigkeit darin, irgendetwas Positives in dem Schüler zu sehen. Als der Supervisor dies weiter explorierte, arbeiteten beide Folgendes heraus: Herr Müller hatte zu Beginn der Arbeit mit diesem Schüler Hoffnung investiert, die durch das permanent respektlose Verhalten des Schülers enttäuscht wurden. Die Respektlosigkeiten erlebte Herr Müller als verletzend.

Übersetzt man dies in die Logik des Gefangenendilemmas, so wird klar, dass Herr Müller in der ersten Spielrunde die Variante »Kooperation«, der Schüler die Variante »Verrat« gewählt hat. Dies verursacht bei Herrn Müller hohe emotionale Kosten. Aus seiner Sicht ist es emotional günstiger, nicht mehr an den Schüler zu glauben oder ihm positive Eigenschaften zuzusprechen. Auf diese Weise erlebt er zwar noch ein hohes Maß an Belastung (entspricht acht Jahren Gefängnis im Gedankenexperiment), aber er vermeidet es, verletzt zu werden (entspricht zwölf Jahren Gefängnis).

Die Entscheidung für diese Strategie scheint aus der Sicht von Herrn Müller klug zu sein (denn sichere acht Jahre Knast sind besser als sehr wahrscheinliche zwölf Jahre). Die Kosten für diese Entscheidung sind aber dennoch sehr hoch: Dauerhaft wird die Gesundheit und die Zufriedenheit von Herrn Müller belastet. Zudem werden mögliche Chancen, die psychosoziale und schulische Entwicklung des Schülers positiv zu begleiten, verworfen. Auch hier fallen in der Gesamtsumme hohe menschliche, aber auch volkswirtschaftliche (Folge-)Kosten an. Würden beide Seiten die Strategie Kooperation wählen, würden die Kosten deutlich geringer. Wie kann das gelingen?

4.2 Reziprozität

Wir Menschen neigen zu einer emotionalen Buchführung. Das bedeutet, dass für uns nicht die reinen Tatsachen zählen, sondern vielmehr, welche Emotionen sie in uns auslösen (Levav & McGraw, 2009). Das bietet Gefahren und Chancen zugleich. Die initialen Investitionen von Herrn Müller (Vertrauensvorschuss in den Schüler) führten nicht nur nicht zum Erfolg, vielmehr schien der Schüler diese für Respektlosigkeiten genutzt zu haben. Objektiv und rational könnte man argumentieren, dass Herr Müller keinerlei Verluste erfahren hat. Er hat wertgeleitet gehandelt, nur dass dieses nicht erfolgreich war. Es lässt sich objektiv also kein Verlust feststellen. Auch die Tatsache, dass der Schüler den Unterricht stört und sich respektlos verhält, ist nicht abhängig von dem Vertrauen, das Herr Müller ihm entgegenbringt. Es besteht also – anders als im Gefangenendilemma – keine zwingende Kopplung zwischen zwei Bedingungen (= wenn Person A kooperiert und Person B nicht, führt das nicht zwingend zu Nachteilen für Person A). Die Nachteile durch die Nicht-Kooperation von Person B (in diesem Fall Nicht-Kooperation des Schülers) bestehen unabhängig von Person A (Lehrer). Trotzdem macht Person A (Herr Müller) sein Verhalten von der Reaktion und der zukünftig erwarteten Reaktion des Schülers abhängig. Warum macht er das, wenn allein eine andere wohlwollender Perspektive sein eigenes Belastungserleben günstig beeinflussen würde?

Die wahrgenommene Reziprozität ist ein wesentliches Element unserer emotionalen Buchführung (Kahnemann, 2012). Wenn wir anderen etwas geben, erwarten wir, auch etwas Vergleichbares zu bekommen. Geschieht das nicht, entsteht schnell das Gefühl, erniedrigt worden zu sein (es wird einem ein niedrigerer sozialer Status zugeschrieben). Die meisten Menschen reagieren darauf sehr sensibel und aversiv, wenn die Reziprozität verletzt wurde. Die Forscher*innen Cathryn Thomas und John Rose (2010) fanden beispielsweise heraus, dass fehlende Reziprozität in Unternehmen das Burnoutrisiko erhöht.

Bei Herrn Müller verursachte dies das Gefühl, das wir im Gefangenendilemma mit der Option von zwölf Jahren Haft verdeutlichen. Reziprozität ist also eine Erwartung der Gegenseitigkeit. Wird diese verletzt, löst das aversive Gefühle aus und führt vielfach zu Nicht-Kooperations-Entscheidungen, die mittelfristig mit hohen gesundheitlichen Kosten einhergehen. In diesem Sinne kann Reziprozitätserwartung zu einer Erwartungsfalle werden. Es ist also ein kluges Erwartungsmanagement erforderlich, das eine bessere emotionale Bilanz ermöglicht und somit auch die »versteckten« mentalen Gesundheitskosten reduziert.

Bevor wir erarbeiten, wie dies gelingen kann, laden wir Sie ein, mit folgendem Impuls einmal solche Erwartungsfallen in Ihrem Lehrer*innen-Alltag zu suchen.

***Impuls:* Erwartungsfallen identifizieren**

Suchen Sie einmal nach Erwartungsfallen, in die Sie selbst »tappen«. An welchen Stellen sind Sie eher zu negativen als zu positiven Gedanken/Erwartungen anderen Menschen (Schüler*innen; Kolleg*innen etc.) gegenüber bereit? Welche Vorteile sehen Sie darin? Zu welchen Nachteilen kann dies führen?

4.3 Oxytocin: das sogenannte »soziale Hormon«

Wir beziehen uns noch einmal auf das Gefangenendilemma aus Kapitel 4.1. Dieses wird u. a. dazu genutzt, unter Laborbedingungen Kooperationsbereitschaft zu erheben. Forscher*innen interessiert unter anderem, welche Möglichkeiten es gibt, die Kooperationsbereitschaft von Menschen zu erhöhen. Besonders ergiebig waren Experimente mit dem sogenannten »sozialen Hormon« Oxytocin. Oxytocin ist ein Neuropeptid, das an verschiedenen psychologischen Prozessen beteiligt ist; u. a. wirkt es auf soziale Aspekte unseres Erlebens und kann die Wirkung von sozialem Stress abmildern.

Bekamen die Versuchspersonen in einem Kooperationsexperiment, in dem eine Variante des Gefangenendilemmas eingesetzt wurde, Oxytocin als Nasenspray verabreicht, zeigten sie sich deutlich bereiter, in dem Spiel ihrem Komplizen zu vertrauen, und wählten deswegen viel häufiger die Option »Schweigen« – allerdings nur, wenn sie zuvor ihren »Komplizen« sehen und damit einschätzen konnten (Declerck, Boone & Kiyonari, 2014). Aus diesem und anderen Experimenten lässt sich folgern, dass Oxytocin die

Bereitschaft, zu vertrauen und zu kooperieren, positiv beeinflusst.

Oxytocin hat weitere günstige Effekte, die für die Förderung der Lehrergesundheit interessant sind. So zeigen zahlreiche Studien, dass Oxytocin Stress und Angst reduziert und deren negativen gesundheitlichen Effekte (z. B. Entzündungsneigung, Bluthochdruck, kardiovaskuläre Beeinträchtigungen) abmildert (Matsushita u. a., 2019). Somit wird Oxytocin als resilienzfördernd angesehen (Takayanagi & Onaka, 2021). Deswegen sollen in diesem Abschnitt niederschwellige Möglichkeiten vorgestellt werden, wie in der Schule das körpereigene Oxytocin-System aktiviert werden kann.

Die körpereigene Oxytocinproduktion wird insbesondere dann aktiviert, wenn Personen Gemeinschaft erleben. In der Tendenz unterscheiden sich die Stressreaktionen von Männern und Frauen. Während Männer eher dazu neigen, in einen Kampf- oder Fluchtmodus zu gehen, reagieren Frauen häufiger mit einer Tend-and-befriend-Reaktion, sie suchen unter Stress also eher den Kontakt (Taylor, 2012). Sehr wahrscheinlich führt dieser Kontakt und damit das Erleben von Nähe zu einer Oxytocinausschüttung, die dann die physiologische Stressreaktion dämpft (Handlin u. a., 2023). Für den gesunden Umgang mit Stress und Belastungserleben ergibt sich daraus die Empfehlung, positive und erfreuliche Begegnungen zu pflegen. Folgender Impuls nimmt diesen Gedanken auf.

***Impuls:* Lobrede halten**

Halten Sie eine einminütige Lobrede auf eine Person Ihrer Wahl vor einer Kolleg*in oder Freund*in. Die Zuhörer*in sollte diese Person günstigstenfalls nicht kennen. Halten Sie diese Lobrede möglichst so, dass Ihre Zuhörer*in das Gefühl bekommt, Sie sprechen von einem wirklich tollen Menschen. Nach einer Minute signalisiert die Kolleg*in Ihnen, dass die Zeit um ist. Sie dürfen jetzt gerne noch den Gedanken zu Ende bringen. Danach tauschen Sie die Rollen und wiederholen Sie dieses Experiment.

Tauschen Sie sich schließlich darüber aus, wie es sich angefühlt hat, die Lobrede zu halten, und wie, zuzuhören.

Anmerkung: In den allermeisten Fällen fühlt sich beides – Zuhören und Reden – sehr bereichernd an. Wahrscheinlich wird dieses angenehme Gefühl von Oxytocin mitbeeinflusst.

Wenn wir häufig Positives über andere Menschen erzählen, ist das gesundheitsförderlich – für die erzählenden und die zuhörenden Personen. Idealerweise färbt das ab, so dass auch Kolleg*innen oder Schüler*innen positiver über andere Menschen sprechen und sich somit das Klima im Kollegium oder der Lerngruppe verbessert.

In Lehrerzimmern ist es oft zu beobachten, dass Lehrkräfte nach belastenden Situationen in Lerngruppen vielfach das Bedürfnis haben, sich mit Kolleg*innen darüber auszutauschen und dabei den Fokus auf das belastende Erleben zu lenken. Dieser Austausch wird daher von vielen mittel- bis langfristig auch als eher belastend erlebt. Trotzdem findet er weiterhin statt. Wie lässt sich das erklären, und wie können Sie hier gesundheitsförderlicher agieren?

Die Erklärung besteht darin, dass beim Austausch mit

Kolleg*innen Oxytocin ausgeschüttet wird. Das Klagen wird als Gemeinsamkeit erlebt. Dadurch wird kurzfristig das Belastungserleben gedämpft. Zugleich wird der Fokus jedoch auf negative Ereignisse gelenkt (z. B. »In deiner Klasse war es mal wieder total unruhig«), so dass mittelfristig das Belastungserleben stabilisiert wird. Auf diese Weise wird unser Gehirn stärker auf die Wahrnehmung negativer Ereignisse »trainiert«. Eine Ressource ist jedoch das Bedürfnis nach Austausch. Oft steckt hinter dem Benennen und Erzählen negativer Ereignisse der Wunsch, von anderen gestärkt oder anerkannt zu werden. Beispielsweise könnte eine Lehrerin, die sich über das Benehmen einer Klasse beschwert, den Wunsch haben zu hören, dass mit ihr alles in Ordnung ist, dass sie sich richtig verhalten hat und/oder mit ihren Erfahrungen nicht allein ist. Wenn es gelingt, diesen wertschätzenden Bedürfnisaspekt in den Fokus zu nehmen, wird das von vielen Kolleg*innen als wohltuend wahrgenommen.

***Impuls:* Bedürfnisorientierte Wertschätzung geben**

Dieser Impuls zielt auf kollegiale Interaktionen ab, die sich durch einen starken Problemfokus auszeichnen.

Wenn sich das nächste Mal eine Kolleg*in bei Ihnen über Schüler*innen beschwert, lenken Sie das Thema auf Aspekte des Verhaltens der Kolleg*in, die Sie würdigen können.

Was verändert dieser Perspektivwechsel?

Für welche Ihrer kollegialen Interaktionen könnte ein solches Vorgehen bereichernd sein? Bei welchen Interaktionen wären Sie mit einem solchen Vorgehen eher zurückhaltend? Warum?

***Impuls:* Gegenseitige Wertschätzung der Bedürfnisse**

Dieser Impuls basiert auf der gleichen Logik wie der vorherige. Nur wählen Sie in diesem Fall eine Kolleg*in aus, mit der Sie im Vorfeld transparent verabreden, dass Sie gegenseitig stärker auf das Bedürfnis nach Wertschätzung und Anerkennung achten möchten.

Wenn Sie aus einer Situation (z. B. Unterricht) kommen, über die sie sich geärgert haben, gehen Sie verabredetermaßen so vor:

1. Person A berichtet kurz von der ärgerlichen Situation.
2. Person B geht kurz auf die ärgerliche Situation ein (Botschaft: »Darüber kann man sich auch wirklich ärgern«).
3. Person B würdigt Verhaltensweisen oder Fähigkeiten von Person A, die in der Situation zum Tragen kamen.

Reflektieren Sie:

- Welchen Unterschied macht es, ob Sie dieses Vorgehen wählen oder beim bloßen Sprechen über das Problem bleiben?
- Wann ist ein solches Vorgehen hilfreich? Wann ist eine intensivere Fokussierung auf das Problem sinnvoll?

4.4 Soziale Unterstützung

Allerdings greift die Aussage, dass das bloße soziale Miteinander einen positiven Effekt auf die Gesundheit hat, zu kurz. Vielmehr scheint die Art und Weise der Beziehungsgestaltung und der Interaktionsqualität darüber zu entscheiden, ob sich tatsächlich positive oder gar negative

Effekte auf die Gesundheit beobachten lassen. Darüber hinaus spielen nicht nur die beobachtbaren zwischenmenschlichen Interaktionen für die Gesundheit und das Wohlbefinden eine Rolle, sondern v. a. die Wahrnehmung und Interpretation. Beispielsweise erfahren Menschen, die soziale Unterstützung erhalten, diese jedoch nicht wahrnehmen und würdigen, keine positiven gesundheitlichen Effekte. Erst die bewusste Wahrnehmung der Unterstützung anderer fördert die Gesundheit. Zugespitzt bedeutet das, dass Menschen, die zwar objektiv weniger Unterstützung erfahren, diese aber bewusst wahrnehmen und würdigen, mehr gesundheitliche Benefits haben als Menschen, die objektiv mehr soziale Unterstützung bekommen, diese aber subjektiv nicht wahrnehmen (Prati & Pietrantoni, 2010).

Soziale Unterstützung kann auf verschiedenen Ebenen gegeben und erlebt werden. Besonders zentral scheint es zu sein, dass die Art der sozialen Unterstützung zu den Bedürfnissen passt (Melrose, Brown & Wood, 2015). Wird soziale Unterstützung gewährt, die nicht gewünscht ist, kann dies negative Effekte haben. Im Folgenden werden die verschiedenen Formen sozialer Unterstützung nach Klärner u. a. (2020) skizziert:

Emotionale Unterstützung

Emotionale Unterstützung besteht darin, dass man von anderen Personen emotionalen Zuspruch wie beispielsweise Trost, Zuneigung oder Wärme bekommt. Auch das Zuhören und emotionale Verstehen gehören zur emotionalen Unterstützung. In der Regel führen das Geben und das Empfangen emotionaler Unterstützung zu einem Gefühl von Verbundenheit. Beides ist damit geeignet, das körpereigene Oxytocinsystem zu aktivieren und die Auswirkungen von stressbezogenen Belastungen zu reduzieren.

Emotionale Unterstützung ist besonders dann hilfreich, wenn man entweder die Probleme nicht lösen kann (weil sie nicht lösbar sind), die Problemlösung zu Dilemmata führt oder die Probleme generell lösbar sind, aber das Auftreten der Probleme als emotional belastend erlebt wird. Nicht lösbare Probleme könnten beispielsweise darin bestehen, dass eine Kollegin aufgrund der Betreuungssituation ihrer eigenen Kinder Schwierigkeiten hat, die erste Stunde zu unterrichten, dass es sich aber wegen ihrer Stundenzahl, die sie arbeiten muss/möchte, nicht vermeiden lässt, sie an zwei Tagen in der Woche für die erste Stunde einzuplanen. Auch wenn es keine praktische Problemlösung gibt, ist es (für viele) trotzdem hilfreich zu wissen, dass es liebe Kolleg*innen gibt, die mitfühlen und Trost spenden. Ähnliches gilt für das Erleben von Problemlösungen, die mit Dilemmata einhergehen: Beispielsweise könnte ein Lehrer, dessen Klassen und dessen Unterricht sehr unter dem störenden Verhalten eines Schülers leiden, Entlastung dadurch finden, dass beschlossen wird, den betroffenen Schüler (nachdem alle pädagogisch sinnvollen Maßnahmen nicht wirkten) wegen wiederholter Ordnungswidrigkeiten der Schule zu verweisen. Diese Problemlösung würde einerseits das aktuelle Problem für den Lehrer lösen, trotzdem weiß er, dass das generelle Problem bestehen und ungelöst bleibt. Die Vorstellung, auf diese Lösung zurückgreifen zu müssen, fühlt sich emotional belastend an. Obgleich die Kolleg*innen das Dilemma nicht auflösen können, kann in dieser Situation erfahrene emotionale Unterstützung das subjektiv empfundene Belastungserleben reduzieren.

Das Gegenteil von emotionaler Unterstützung könnte in Lehrerzimmern so aussehen: Eine Kollegin hat sich über ein Elterngespräch geärgert und möchte ihren Ärger mitteilen und emotionalen Zuspruch von Kolleg*innen bekommen. Ein Kollege gibt stattdessen Tipps und berichtet, wie er selbst solche Situationen gemeistert hat (informelle Unterstützung). Vielfach ist der Glaube verbreitet, dass es besser ist, Tipps zu geben, als zuzuhören und emotional zu unterstützen. Dahinter steht oft der nachvollziehbare Wunsch, etwas für den Kollegen oder die Kollegin tun zu wollen. Manchmal hilft es schon, diesen Wunsch zu formulieren, anstatt ungefragt und unerwünscht weitere Tipps zu geben.

***Impuls:* Tipps und Ratschläge statt emotionaler Unterstützung – Umgang mit den eigenen »Sünden«**

Die meisten Menschen kennen die oben beschriebene »Sünde«, anstatt zuzuhören und emotionale Unterstützung zu gewähren, Tipps oder Ratschläge zu geben oder eigene Erlebnisse zu schildern. In den meisten Fällen stehen gute Absichten hinter diesen Bemühungen.

Suchen Sie bitte ein bis zwei Situationen, in denen Sie ebenfalls nicht oder zu wenig zugehört und keine emotionale Unterstützung bereitgestellt haben, obwohl dies angemessen gewesen wäre und Sie eigentlich auch gerne angemessen unterstützen wollten.

Identifizieren Sie nun die guten Absichten hinter Ihrem Verhalten. Wie können Sie diese Absichten so formulieren, dass sie als emotional unterstützend erlebt werden können?

***Impuls:* Tipps und Ratschläge statt emotionaler Unterstützung – Umgang mit den »Sünden« anderer**

Haben Sie es schon einmal erlebt, dass Sie von einem unlösbaren oder belastenden Problem berichtet haben und statt (erhoffter) emotionaler Unterstützung Ratschläge und Tipps bekommen haben? Wie war das für Sie?

Was würde sich für Sie verändern, wenn Sie die Ratschläge und Tipps innerlich »übersetzen« würden, indem Sie die guten Absichten heraushören und die damit verbundene emotionale Anteilnahme in Ihrem »Herzen bewegen« würden? (Das gelingt in der Praxis anfangs nicht immer sofort, deswegen kann es eine gute Übung sein, im Nachhinein diese Form der Umdeutung zu »kultivieren«.)

***Impuls:* Emotionale Unterstützung empfangen**

Weil vor allem das Wahrnehmen sozialer Unterstützung für deren positive Wirkung wichtig ist, sind Sie mit diesem Impuls eingeladen, einmal ganz bewusst wahrzunehmen und zu würdigen, wann Sie von wem im Schulalltag emotionale Unterstützung erfahren.

Reflektieren Sie hierfür möglichst eine Woche lang jeden Abend, wann Sie im Laufe des Tages emotionale

Unterstützung erhalten haben und genießen Sie es bewusst, indem Sie in Ihrer Erinnerung die positive Wirkung verstärkt wahrnehmen.

***Impuls:* Emotionale Unterstützung geben**
Auch das Geben emotionaler Unterstützung kann sich positiv auf die eigene Gesundheit auswirken. Es schafft Nähe und Verbundenheit und geht häufig mit einer Stressreduktion einher.

Laden Sie sich selbst eine Woche lang ein, verstärkt Menschen in Ihrem Umfeld (darunter auch Kolleg*innen) zuzuhören und emotional zu unterstützen. Achten Sie dabei darauf, welche positiven Effekte dies auf Ihr Wohlbefinden hat. Achten Sie aber auch darauf, welche eigenen Bedürfnisse aktiviert werden.

Motivationale Unterstützung

Elemente motivationaler Unterstützung sind das Ermutigen, Ermuntern oder auch das klärende Gespräch. Welchen Mehrwert hat diese Form der sozialen Unterstützung für die Gesundheit von Lehrer*innen? Das Erleben von Sinnhaftigkeit und Motivation ist in belastenden und beanspruchenden Situationen ein Resilienzfaktor. Motivationale Unterstützung kann dazu beitragen, diese Sinnhaftigkeit zu erfahren. Dies wird besonders dadurch gefördert, dass die Ermutigung und Ermunterung im sozialen Kontext geschehen. Darüber hinaus wirkt sich motivationale Unterstützung positiv auf die Beziehungen aus.

Wie kann gegenseitige motivationale Unterstützung gelingen? Motivationale Unterstützung ist besonders zu zwei Anlässen angezeigt: Erstens, wenn etwas gelingt und/oder gut läuft, und zweitens, wenn jemand einen Rückschlag oder eine Enttäuschung erleidet. Wenn jemand im Einklang mit seinen Zielen handelt, ihr etwas gelingt oder etwas Gutes widerfährt, können Kolleg*innen daran Anteil nehmen. Auch kleine Erfolge darf man »feiern«. Auf diese Weise bleiben sie im Gedächtnis und man erinnert sich leichter an sie. Wer beispielsweise nur über die Unzulänglichkeiten des Schulsystems klagt und sich mit Kolleg*innen häufig und intensiv über negative Erlebnisse im Schulalltag austauscht, der wird, wenn er oder sie an Schule denkt, eher negative Assoziationen haben und sich schlecht fühlen. Wer hingegen mit Kolleg*innen den Fokus häufig und intensiv auf kleine Freuden im Schulalltag legt, der wird beim Gedanken an Schule eher positive Assoziationen haben und zufriedener sein. Zudem wird man eher wieder Handlungen in Angriff nehmen, die zu positiven Ergebnissen und/oder zu Zufriedenheit führen. Motivationale Unterstützung kann dabei helfen, den Fokus auf motivierende Aspekte zu legen und diese öfters durch eigenes Verhalten herbeizuführen.

Wenn Kolleg*innen viele Misserfolgserlebnisse haben, kann dies dauerhaft demotivieren. Dies hat einen direkten Einfluss auf die Zufriedenheit und kann einen indirekten Einfluss auf die Gesundheit haben. Vor allem können Misserfolgserlebnisse mittelfristig dazu führen, dass erfolgversprechende Handlungen weniger oft und weniger konsequent durchgeführt werden. Dadurch können Erfolge und Zufriedenheit zukünftig ausbleiben – eine Abwärtsspirale droht.

Wenn Kolleg*innen dabei unterstützen, Misserfolge zu verarbeiten, den Fokus auf Sinnhaftigkeit und Erfolge lenken, dann fördern sie eine wachstumsorientiere Haltung (Growth Mindset). In Kapitel 5 gehen wir auf diese Haltung ausführlicher ein. Wer durch erfahrene motivationale Unterstützung einen wachstumsorientierten Fokus hat, wird mit größerer Wahrscheinlichkeit zu Handlungen tendieren, die weitere Erfolge oder Freuden nach sich ziehen. Freuden können auch darin bestehen, einen Sinn zu finden.

***Impuls:* Wertbezogenes Handeln als Quelle von Motivation und Zufriedenheit**

Machen Sie sich einmal bewusst, welche Ihrer wertgeleiteten Einstellungen zu Ihrer Berufswahl geführt haben. Warum sind Sie Lehrer*in geworden? Welchen Wert verbinden Sie mit diesem Beruf? Warum ist dieser Beruf sinnvoll?

Vergegenwärtigen Sie sich in den nächsten sieben Tagen täglich, welche Ihrer Handlungen wertgeleitet waren. Wo haben Sie im Einklang mit Ihren Werten gehandelt?

Hinweis: Dabei ist es unerheblich, ob die Handlungen zu einem Erfolg geführt haben. Mit diesem Impuls trainieren Sie die Freude über wertgeleitetes Handeln – unabhängig von dessen Erfolg.

Reflexion: Das wird Ihnen unterschiedlich gut gelingen. Wie schaffen Sie es, dass es Ihnen besser gelingt, sich nur an Ihrem wertgeleiteten Handeln zu erfreuen? Was sagen Sie sich? Was denken Sie?

Transfer: Wie können Ihre Kolleg*innen von dieser

Übung profitieren? Wie können Sie diese dabei unterstützen, einen ähnlichen Blickwinkel einzunehmen und daraus Zufriedenheit zu generieren?

Praktische Unterstützung

Oft benötigen wir im alltäglichen Handeln Unterstützung: Eine Kollegin kopiert schon einmal schnell ein Arbeitsblatt für mich mit oder ein Kollege übernimmt die letzte Stunde für mich, damit ich die kranke Schwiegermutter zum Arzt begleiten kann. Praktische Unterstützung ist mehr als nur die reine Handlung, die uns den Alltag bereits erleichtert. Praktische Unterstützung zu erleben bedeutet auch zu erfahren, dass Menschen da sind, auf die man sich verlassen kann. Deswegen ist für die praktische Unterstützung nicht nur die Balance zwischen Geben und Empfangen entscheidend, sondern vielmehr kommt es darauf an, dass diese Form der Unterstützung aktiv wahrgenommen wird. Denn das bewusste Wahrnehmen ist für die mentale Verarbeitung und damit auch für die mentale Gesundheit wesentlich (Wethington & Kessler, 1986).

***Impuls:* Praktische Unterstützung bewusst empfangen**
Achten Sie eine Woche lang darauf, wer Sie in alltagspraktischen Dingen unterstützt. Nehmen Sie ganz bewusst die kleinen und die größeren Hilfen und Unterstützungen wahr. Welche Auswirkungen hat das auf Ihre Zufriedenheit und Ihr Belastungserleben?

***Impuls:* Praktische Unterstützung bewusst geben**
Geben Sie in der nächsten Woche bewusst anderen Unterstützung. Vor allem: Nehmen Sie dies bewusst wahr. Welche Auswirkungen hat es auf Ihre Zufriedenheit und Ihr Belastungserleben, wenn Sie wahrnehmen, dass Sie andere entlasten? Auf welche Weise verändert das bewusste Wahrnehmen der Unterstützung auch Ihre Interaktionen?

***Impuls:* Um Hilfe bitten**
Einigen Menschen fällt es schwer, für sich selbst um Hilfe zu bitten. Wenn Sie zu diesen Menschen gehören, können Sie diesen Impuls zum Anlass nehmen, eine Woche lang täglich mindestens einmal bewusst um Hilfe zu bitten und diese Hilfe bewusst zu genießen.

Hinweis: Falls Sie zu diesen Menschen gehören, wird es Ihnen vermutlich schwerfallen, in dem Augenblick die Hilfe direkt zu genießen. Erinnern Sie sich abends noch einmal an die Situation und freuen Sie sich dann nachträglich darüber, dass Sie tatsächlich um Hilfe gebeten haben und dass Sie Hilfe bekommen haben.

Welche Auswirkungen hat das auf Ihre Zufriedenheit und Ihr Belastungserleben?

Informationelle Unterstützung

Informationelle Unterstützung bedeutet, dass Kolleg*innen Informationen über beispielsweise Ressourcen, Planungen oder Abläufe zur Verfügung stellen – also ihr Wissen teilen. In funktionierenden sozialen Netzwerken geschieht das automatisch. Je neuer eine Kollegin oder ein Kollege ist, desto stärker ist er oder sie auf diese Form der Unterstützung angewiesen. Wenn mehr Informationen verfügbar sind, werden verschiedene Abläufe leichter, und damit sinkt die Belastung.

Impuls: Informationelle Unterstützung beobachten und analysieren

Beobachten Sie eine Woche lang die informationelle Unterstützung in Ihrem Kollegium. Was läuft gut? Wo gibt es Verbesserungspotenzial? Welche Ideen können/wollen Sie zur Verbesserung beitragen?

Feedback geben und empfangen

Feedback ist in der Schule zentral. Der Bildungsforscher Hattie hat wechselseitiges Feedback zwischen Schüler*innen und Lehrer*innen als einen wesentlichen Faktor für Schul- und Unterrichtserfolg herausgearbeitet (Hattie & Timperley, 2007; Wisniewski, Zierer & Hattie, 2020). Auch bei der Entwicklung einer wachstumsorientierten Haltung (Growth Mindset) spielen Feedback und die Art von Feedback eine zentrale Rolle (s. Kapitel 5). Im Kontext sozialer Unterstützung wird insbesondere der Aspekt der Bestätigung mit Blick auf die Selbstwertregulation interessant (Cohen & McKay, 2020). Auch hat die wahrgenommene Unterstützung im Sinne eines bewusst registrierten Feedbacks einen wesentlich stärkeren Effekt auf die Gesundheit – das gilt insbesondere im Setting Schule. Erklärt wird der Effekt eines positiven, selbstwertstärkenden Feedbacks damit, dass dieses den Einfluss von Stressoren auf die Psyche reduziert (Cohen & McKay, 2020). Allerdings unterscheiden sich Menschen darin, in welchem Ausmaß sie positives Feedback benötigen oder als angenehm empfinden.

Aber nicht nur das Empfangen, sondern auch das Geben von positivem Feedback und Bestätigung können beim Sender positive Emotionen auslösen (Aknin, Van de Vondervoort & Hamlin, 2018). Dieser Aspekt ist im Setting Schule eine bedeutende Gelingensbedingung, da – wie in vielen anderen sozialen Berufen auch – das Geben vielfach als belastend bzw. erschöpfend erlebt wird (»Ich gebe irgendwie nur und bekomme nie etwas«). In diesem Fall ist das Geben zugleich ein Bekommen – und zwar von positiven Emotionen.

***Impuls:* Mit positivem Feedback und Bestätigungen experimentieren**

Experimentieren Sie eine Woche lang mit positivem Feedback, Komplimenten und Bestätigungen. Suchen Sie für Sie passende Formen der Wertschätzung anderer, die sowohl bei Ihnen als auch bei Ihrem Gegenüber positive Emotionen auslösen. Achten Sie bewusst darauf, was Ihnen und anderen guttut, und wenden Sie diese Form der kurzen positiven Interaktion häufiger an.

5 Stellschraube Haltung: Wachstums-, Ressourcen- und Lösungsorientierung

Die Schullandschaft ist durch eine auffällige Defizitorientierung geprägt. Das betrifft zu einem Teil die Arbeit mit den Schüler*innen, zu einem anderen Teil betrifft es die Art und Weise, wie viele Lehrkräfte täglich ihrem Beruf, dem beruflichen Kontext und der eigenen Tätigkeit begegnen.

***Impuls:* Fokus auf Freude oder Ärger?**
Beobachten Sie eine Woche lang Ihre Kolleg*innen im Lehrerzimmer und schätzen Sie deren Stimmung ein. Zugleich beobachten Sie bitte, ob diese Kolleg*innen über erfreuliche Anlässe sprechen oder eher klagen.

Sie können diesen Beobachtungsimpuls auf sich selbst erweitern: Wie häufig sprechen Sie über die Dinge, die Sie glücklich oder zufrieden machen, die Ihnen gelingen oder die für Sie positiv sind – und wie häufig fokussieren Sie eher die Dinge, die sie ärgern, Sie frustrieren oder andere aversive Emotionen auslösen?

Wenn Sie diesen Impuls durchführen, werden Sie sehr wahrscheinlich einen Zusammenhang zwischen dem Fokus der Aufmerksamkeit Ihrer Kolleg*innen und deren Stimmung feststellen können. Die Art und Weise, mit welcher Brille wir auf unseren Alltag schauen, verändert unsere (emotionale) Antwort. Diese Art und Weise wird durch die Haltung einer Person beeinflusst und zieht sich häufig als überdauerndes Muster durch verschiedene Situationen. Somit wird die generelle Zufriedenheit, das generelle Wirksamkeitserleben und damit auch die Gesundheit beeinflusst. Glücklicherweise lässt sich eine ungünstige Haltung (ähnlich einer ungünstigen Sitzhaltung) mit etwas Übung korrigieren. Darum wird es in diesem Kapitel gehen. Sie sind eingeladen, eine für Sie passende Haltung zu entwickeln und sich zur Gewohnheit zu machen.

Im ersten Abschnitt lernen Sie die Broaden-and-build-Theorie kennen, die der Positiven Psychologie entstammt und die aufzeigt, wie das Erleben positiver mentaler bzw. emotionaler Zustände »Aufwärtsspiralen« initiiert. Im zweiten Abschnitt schauen wir uns die Annahmen des Growth Mindset an, die vor allem die eigenen Wirksamkeitserwartungen fördern – die allerdings auch die Wirksamkeitserwartungen und damit die Wahrscheinlichkeit von Erfolgserleben bei Schüler*innen steigern. Dies kann auf indirekte Weise Belastungen reduzieren und Zufriedenheit im Beruf stärken. Möglicherweise ist es Ihnen bei der Durchführung Ihres Beobachtungsimpulses aufgefallen: Viele Kolleg*innen neigen zu einer gewissen »Problemfaszination« und es fällt Ihnen augenscheinlich schwer, lösbare Aspekte in den Fokus zu nehmen und sich an Ressourcen zu erfreuen. Warum das häufig so ist (und auch »normal« ist) und wie die oft gesundheitsbeeinträchtigende »Problemfaszination« überwunden werden kann, darum geht es im dritten Abschnitt dieses Kapitels. Schließlich, im vierten Abschnitt, werden Aspekte der Dankbarkeit besprochen. Dankbarkeit ist als Haltung trainierbar und hat einen positiven Einfluss auf die mentale Gesundheit. In diesem Abschnitt wird auch die Königsdisziplin der Dankbarkeit besprochen – die dankbare Haltung auch im Scheitern beizubehalten und zu kultivieren.

5.1 Aufwärtsspiralen: Die Broaden-and-build-Theorie

Die meisten Menschen kennen das positive Gefühl, dass »eine Sache rund läuft«, dass man »auf der Welle reitet« oder einfach, dass alles gelingt. Die Broaden-and-build-Theorie von Barbara Fredrickson (2004) beschreibt die förderliche Wirkung von positiven Emotionen. Sie kann als Gegenteil sogenannter »Abwärtsspiralen« angesehen werden.

Abwärtsspiralen beschreiben die Dynamik, die durch Emotionen wie beispielsweise Hilflosigkeit oder Hoffnungslosigkeit initiiert werden. Durch solch aversive Emotionen wird der mentale Suchfokus eingeengt und es werden weniger Möglichkeiten wahrgenommen und genutzt. Dadurch entstehen Defizite, weil beispielsweise Kontakte nicht gepflegt, Kompetenzen nicht trainiert oder Lösungsmöglichkeiten nicht genutzt werden. Diese so entstandenen Defizite erhöhen die Wahrscheinlichkeit, dass die Person sich wiederum hilflos fühlt. Diese Hilflosigkeit wird als aversiv wahrgenommen und engt den mentalen Suchfokus weiter ein bzw. hält die Einengung des Suchfokus aufrecht. Diese Dynamik beschreibt einen sogenannten Teufelskreis, der zu Abwärtsspiralen führen und somit die Gesundheit beeinträchtigen kann.

Beispiel für eine Abwärtsspirale: Frau Schmitt ärgert sich häufig und anhaltend über das Verhalten verschiedener Schüler*innen. Sie bemerkt, dass sie zunehmend schneller gereizt reagiert. Dadurch vernachlässigt sie ihre Erholungszeit, denn auch in der Zeit, in der sie sich erholen könnte, grübelt sie über das störende Schüler*innen-Verhalten nach. Durch fehlende Erholung wird ihre Reizbarkeit verstärkt und sie kann sich weniger auf die positiven Aspekte und die Freuden im Unterricht fokussieren. Sie denkt dadurch noch häufiger über die Störungen nach und ärgert sich auch in den unterrichtsfreien Situationen nachträglich mehr über Vorfälle, die im Unterricht stattfinden.

***Impuls:* Abwärtsspiralen im Alltag entdecken**
Identifizieren Sie Abwärtsdynamiken in Ihrem Alltag. Fokussieren Sie dabei auf Ihren Beitrag: Was denken, tun oder unterlassen Sie, um Ärger, Frust und Misserfolg herbeizuführen? Wie ging es Ihnen vor, während und nach dem Erleben der Abwärtsspirale? Wie geht es Ihnen, wenn Sie heute daran denken?

Hinweis: Bitte führen Sie diesen Impuls so durch, dass es für Sie aushaltbar ist. Gehen Sie verantwortlich mit sich selbst um und achten Sie bitte darauf, dass Sie diese oft aversiven Gedanken wieder verlassen können.

Vielfach führt bereits ein Nachdenken über Misserfolge und Abwärtsspiralen zu einem aversiven Erleben. Dieses erhöht die Wahrscheinlichkeit, dass Sie (in dieser negativen Stimmung) weniger Ressourcen zur Verfügung haben und entsprechend weniger Bewältigungsmöglichkeiten. Das kann zu weiteren Misserfolgen oder frustrierenden Situationen führen.

Oftmals besteht der Wunsch, über frustrierende oder ärgerliche Situationen sprechen zu wollen. Dieser Wunsch ist verständlich und meistens nicht problematisch. Bleibt der Fokus jedoch zu sehr auf negatives Erleben gerichtet, kann dies weiteres ungünstiges Erleben und zukünftige Misserfolge begünstigen. Hier gilt die Faustregel: Häufiges und anhaltendes Fokussieren auf Frustrierendes und auf

Misserfolge kann ungünstige Auswirkungen auf die eigene Befindlichkeit haben. Um es mit Worten aus dem Talmud zu sagen:

> Achte auf deine Gedanken, denn sie werden Worte.
> Achte auf deine Worte, denn sie werden Handlungen.
> Achte auf deine Handlungen, denn sie werden Gewohnheiten.
> Achte auf deine Gewohnheiten, denn sie werden dein Charakter.
> Achte auf deinen Charakter, denn er wird dein Schicksal.

In diesem Sinne ist es weit günstiger, möglichst häufig auf Erfolge, auf Sinnhaftigkeit oder Genuss zu fokussieren. Die Broaden-and-build-Theorie beschreibt, wie Aufwärtsspiralen initiiert und aufrechterhalten werden können (Fredrickson, 2004). Diese empirisch gut gesicherte Theorie kann unmittelbar für die Stärkung der Lehrer*innen-Gesundheit genutzt werden. Nach diesem Ansatz führen positive emotionale Zustände (wie Dankbarkeit) zu einer Erweiterung der eigenen Möglichkeiten, weil man mehr und andere Lösungswege sieht und weil positive Emotionen entscheidungs- und experimentierfreudiger machen. Das englische Wort *broaden* bedeutet ›erweitern‹. Diese Erweiterung führt dazu, dass mehr (Lösungs-)Möglichkeiten wahrgenommen und erprobt werden. Dadurch bauen sich Kompetenzen und Ressourcen auf (*build*).

Dies führt zu persönlichem Wachstum und Kompetenzerleben – als dem Gegenteil erlernter und erlebter Hilflosigkeit. In der Folge sind positive emotionale Zustände wahrscheinlich, die wiederum den Wahrnehmungsfokus kompetenz- und ressourcenorientiert (anstatt defizitorientiert) verlagern. Zudem werden positive Erwartungen aktiviert, die vielfach Zufriedenheit, Erfolge und Kompetenzerleben begünstigen. Es entstehen auf diese Weise sogenannte Aufwärtsspiralen.

***Impuls:* Reflexion zu Aufwärtsspiralen**
Suchen Sie bitte einmal Beispiele aus Ihrem Alltag, in denen Sie Aufwärtsspiralen selbst erlebt haben. Machen Sie sich folgende Aspekte bewusst:

- Wie hat die Aufwärtsspirale begonnen?
- Hatten Sie vielleicht schon davor »so ein Gefühl«, dass es ein guter Tag (oder ähnlich) werden wird?
- Wie haben andere auf Sie reagiert, als Sie in einer solchen Aufwärtsdynamik waren?
- Woran würden Sie jetzt merken, dass Sie in eine Aufwärtsdynamik kommen?
- Was könnten Sie heute dafür tun, damit Sie die Wahrscheinlichkeit erhöhen, demnächst wieder in solch einen positiven Zustand zu geraten?

Es ist fast unnötig zu erwähnen, dass positive emotionale Zustände von Lehrer*innen die Berufszufriedenheit steigern (Dreer, 2024). Allerdings können solche Aufwärtsspiralen und positive Emotionen bezogen auf den Unterricht zudem das schulische Engagement und die Leistung von Schüler*innen begünstigen (Rahimi & Bigdeli, 2014). Aus diesem Grund ist es sinnvoll, das Initiieren von positiven Aufwärtsspiralen systemisch zu denken: Positive Zustände von Lehrer*innen beeinflussen die Schüler*innen und umgekehrt (Frenzel, Daniels & Burić, 2021). Im nächsten Abschnitt wird ein Modell vorgestellt, dass sowohl das Erleben von Wirksamkeit, Kompetenzerfahrung und damit verbunden positive Emotionen bezogen auf das Lernen fördert. Wer Lehrkräftegesundheit im Klassenzimmer systemisch fördern möchte, kann über diesen Ansatz gegenseitige Aufwärtsspiralen initiieren.

***Tipp:* Video zur Broaden-and-build-Theorie**
Ein Video zum Einsatz der Broaden-and-build-Theorie im Sinne der Lehrkräftegesundheit finden Sie unter: www.groth-institute.de/broaden.

5.2 Growth Mindset als Resilienzfaktor

Das Konzept »Growth Mindset« geht auf die amerikanische Psychologieprofessorin Carol Dweck zurück. Die Grundidee besteht darin, dass erlebtes persönliches Wachstum nicht nur positive Emotionen begünstigt, sondern auch die Motivation und das Engagement fördert, das wiederum (schulische) Erfolge wahrscheinlicher macht. Der Ansatz von Carol Dweck liegt in der Gestaltung von Feedback (und Selbstfeedback). Damit sind die entscheidenden »Stellschrauben« willentlich beeinflussbar.

Das Konzept Growth Mindset wird verständlich, wenn man sich das Gegenteil anschaut: das Fixed Mindset. Gibt eine Lehrkraft beispielsweise folgendes Feedback: »Jannis, du hast eine tolle Mathearbeit geschrieben, weil du schlau bist«, fokussiert sie damit auf eine stabile und damit schwer zu verändernde Ursachenzuschreibung: »Du bist schlau«. Im Umkehrschluss könnte das zu ungünstigen Attributionen führen: »Ich habe eine schlechte Arbeit geschrieben, weil ich unfähig bin.« Tatsächlich gehen Depression und soziale Ängste oft Hand in Hand mit stabilen internalen Ursachenzuschreibungen bei Misserfolgen, während Erfolge eher external attribuiert werden (Hu, Zhang & Yang, 2015).

Optimal wäre ein Attributionsstil, der zwar dazu einlädt, die Verantwortung für die eigenen Ergebnisse zu übernehmen, zugleich aber auch dazu zu wachsen. Ein Growth Mindset ist die (innere) Überzeugung, durch Ausdauer Ziele erreichen und Kompetenzen entwickeln zu können (Dweck & Yeager, 2020). Feedbacks wie »Jannis, du hast eine tolle Mathearbeit geschrieben, weil du kluge Rechenwege gewählt hast« (oder ähnlich), fördern ein Growth Mindset, weil es implizit dem Erfolg mit einem Verhalten und nicht mit einer unveränderlichen Eigenschaft verbindet. Wenn wir mithilfe von Feedback die impliziten Überzeugungen fördern, durch Anstrengungen bzw. durch unser Verhalten Kompetenzen oder gar Intelligenz entwickeln zu können, führt das zu einer größeren Motivation und Zufriedenheit.

***Impuls:* Growth Mindset bei sich selbst und bei anderen aktivieren**

Dieser Impuls besteht aus drei Reflexionsaufgaben, die Sie zwei Wochen lang täglich durchführen können.

1. Die meisten Menschen denken häufiger an Dinge, die nicht gut gelaufen oder ärgerlich waren, als an die, die gut funktioniert haben. Machen Sie das zwei Wochen lang anders: Wenn Sie das Lehrerzimmer betreten, erinnern Sie sich bitte daran, was in der Zeit vorher gut

war und welchen Anteil Sie daran hatten. Wenn Sie nichts finden, was gut war (weil Sie sich vielleicht gerade geärgert haben), dann finden Sie eigene Handlungen/ Verhaltensweisen, die Sie für richtig, wertvoll, sinnhaft, zielführend etc. halten.

Beispiel: Sie haben sich über das Verhalten vieler Schüler*innen der 8c geärgert, und Sie können dieser Situation keinen positiven Aspekt abgewinnen. Aber Sie haben gesagt, was Sie stört und sind zugleich sachlich geblieben, obgleich Sie auch sehr emotional hätten reagieren können. Würdigen Sie die Aspekte, die Ihnen gelungen sind (und erwarten Sie von sich selbst keine unmenschlichen Leistungen/ Handlungen).

2. Lernen Sie aus Misserfolgen oder Ärgernissen. Reflektieren Sie abends den Tag und finden Sie dabei eine Situation, in der Sie gerne anders/besser gehandelt hätten. Am besten geeignet für diese Reflexion sind Situationen, die möglichst täglich wiederkehren.

Malen Sie sich eine neue – aber realistische – Verhaltensweise aus. Stellen Sie sich diese so genau wir möglich vor. Verändern Sie diese so lange, bis Sie zufrieden sind. Wichtig ist es, dass Sie mit Situationen beginnen, in denen Sie realistischerweise auch die Chance haben, alternative Verhaltensweisen zu zeigen. Nehmen Sie sich fest vor, diese neue Verhaltensweise in der wiederkehrenden Situation durchzuführen.

Registrieren und würdigen Sie erfolgreiche Umsetzungen. Jeder Schritt in die richtige Richtung ist es wert, gewürdigt zu werden – auch die kleinsten, solange diese einen Fortschritt bzw. eine Verbesserung darstellen. Beispiel: Sie haben sich vorgenommen gelassener zu reagieren, dies gelingt Ihnen jedoch noch nicht auf Anhieb. Stattdessen fallen Ihnen aber jetzt bereits sehr früh erste Warnzeichen auf, dass Ihre Geduld über Gebühr strapaziert ist. Das gilt es zu würdigen, denn das könnte ein erster Schritt sein, konstruktiv mit der Ungeduld umzugehen.

Bauen Sie die Würdigung schließlich in die abendliche Reflexion mit ein: Würdigen Sie zunächst die Fortschritte des Tages und suchen Sie dann – in der oben beschriebenen Weise – neue Herausforderungen für den nächsten Tag.

Grundsätzlich: Seien Sie geduldig mit sich selbst und bleiben Sie möglichst ausdauernd und optimistisch am Ball. Das mag anfangs anstrengend anmuten, wer aber regelmäßig läuft, weiß, dass man mit der Zeit in eine Art Flow kommt. Ziel ist es, nicht an den Unwägbarkeiten des Schulalltags zu verzweifeln, sondern an ihnen zu wachsen.

3. Aktivieren Sie ein Growth Mindset bei anderen: Registrieren Sie bei Ihren Schüler*innen (oder anderen Mitmenschen), wenn etwas geklappt hat. Würdigen Sie auch kleine Schritte auf dem Weg dahin. In der Regel tun Sie das bereits. Nehmen Sie das bewusst wahr und würdigen Sie dies. Registrieren Sie auch, welches Feedback bei Ihren Schüler*innen ein Growth Mindset fördert und welches nicht so geeignet ist. Logik: Je mehr es Ihnen auffällt, desto größer ist die Wahrscheinlichkeit, dass Sie es häufiger tun.

Das übergeordnete Ziel dieser Reflexionsimpulse zum Growth Mindset ist es, Hilflosigkeits- oder Wirkungslosigkeitsgefühle in Kompetenz- und Wachstumserleben zu verwandeln. Während Hilf- und Wirkungslosigkeitserleben mit Stress und mentaler Belastung einhergeht, fördern Kompetenz- und Wachstumserleben positive Emotionen, Sinnhaftigkeit und somit mentale Gesundheit. Lehrpersonen mit einem Growth Mindset, die ihr Verhalten kritisch-konstruktiv würdigen und reflektieren, tendieren deutlich seltener zu Erschöpfungssymptomen und Burnout (Zilka, Nussbaum & Bogler, 2023).

5.3 Ressourcen- und Lösungsfokus anstelle von Defizitorientierung

Die Überschrift weist bereits darauf hin, dass Ressourcen- und Lösungsfokussierung gegenüber der Defizitorientierung zu bevorzugen ist. Allerdings ist Defizitorientierung in Schulen weit verbreitet, obwohl es seit langem bekannt ist, dass diese problematisch ist. Es stellt sich also die Frage, warum sich diese Haltung bei Lehrkräften weiterhin durchsetzt. Welche Funktion könnte diese Orientierung haben?

Stephan Drucks und Nina Bremm (2021) entwickelten auf Basis vielfältiger Interviews die spannende These, dass der Blick auf die Defizite zunächst die mentale Gesundheit von Lehrkräften fördert – allerdings zu einem sehr hohen Preis. Je unkontrollierbarer oder unverständlicher das Verhalten von Schüler*innen für die Lehrpersonen ist, desto weniger erleben sie Wirksamkeit, Sinnhaftigkeit oder Verstehbarkeit in ihrem Beruf. Diese drei Variablen sind jedoch wichtig für die Aufrechterhaltung der mentalen Gesundheit – deren Abwesenheit wird in der Regel als hoch belastend wahrgenommen. Gelingt es Lehrkräften jedoch, die Schüler*innen als defizitär zu sehen, erleben sich die Lehrkräfte kurzfristig als selbstwirksam, denn sie haben die Definitionshoheit darüber, was richtig und was falsch ist. Zudem arbeiten Drucks und Bremm (2021) heraus, dass auf diese Weise die Verstehbarkeit für die Lehrkräfte in Teilen wiederhergestellt wird, indem sie definieren, dass das unkontrollierbare und verständliche Verhalten der Schüler*innen schlichtweg auf deren Defizite zurückzuführen sei. Der Defizitblick gibt zudem Orientierung und unterstützt damit kurzfristig das Erleben von Sinnhaftigkeit.

Wenn die Defizitorientierung diese Benefits bereithält, warum sollte man sie dann verändern bzw. reduzieren? Der Fokus auf die Defizite stellt ein Dilemma dar: Kurzfristig wirkt der Blick auf die Defizite – wie oben skizziert – förderlich auf die mentale Gesundheit. Mittel- bis langfristig überwiegen die gesundheitlichen und systemischen Kosten: Defizitorientierung geht mit höheren Burnoutwerten einher, während Lösungsorientierung langfristig zu mentaler Gesundheit führt (Medina & Beyebach, 2014). Das kann damit erklärt werden, dass es zwar kurzfristig zum Erleben von Kontrollierbarkeit, Sinnhaftigkeit und Verstehbarkeit kommt, dass aber mittel- bis langfristig dieser Fokus die bestehenden Probleme im Blickpunkt der Aufmerksamkeit hält und diese damit nachhaltiger das Erleben negativ beeinflussen.

Stattdessen führt ein ressourcen- und lösungsorientierter Blick dazu, dass das Erleben nachhaltig positiver gefärbt wird. Wo liegt der Unterschied zum Growth Mindset oder zur Broaden-and-build-Theorie? Grundsätzlich sind beide Modelle auch ressourcen- bzw. -lösungsorientiert, es geht also weniger um Unterschiede als vielmehr um sinnvolle Ergänzungen. Ein Bonmot besagt, dass man, wenn einem jemand Steine in den Weg legt, etwas Schönes daraus bauen könne. Dieses Bild symbolisiert einen Kerngedanken der Ressourcen- und Lösungsorientierung. Der Begründer der modernen Hypnotherapie, Milton Erickson, prägte den Begriff »Utilisation«, was so viel bedeutet, wie »Nutzbarmachen«. Nina Bremm (2020) führt als Beispiel für einen solchen Schritt an, dass in vielen Schulen bis 2010 viel Energie aufgeboten wurde zu unterbinden, dass Türkisch in der Schule gesprochen wurde, um Deutsch als Zielsprache zu fördern. Inzwischen wird es als Ressource angesehen, wenn diese zweite Sprache genutzt werden kann. Das zeigt, wie im Setting Schule aus diesen Steinen eine Brücke gebaut wurde. Das geht oft mit einer Veränderung der Perspektive einher.

Etwas nicht zu können, wird oft als Problem betrachtet – und Probleme möchte niemand haben. Sie fühlen sich nicht gut an und nicht selten sind sie beschämend. Beispiele:

- Eine Schülerin kann in der achten Klasse nicht flüssig vorlesen. Das ist ihr schrecklich peinlich, sie fürchtet sich vor den Deutschstunden.
- Eine Lehrerin kann sich in einigen Klassen nicht gut durchsetzen, und der Unterricht läuft meistens aus dem Ruder. Kolleg*innen signalisieren ihr: »Bei uns funktioniert die Klasse«. Sie denkt: »Ich bin unfähig«, und erlebt das als beschämend.

Ben Fuhrmann hat in Finnland das Programm *Ich schaffs* entwickelt (Fuhrmann, 2024). Inzwischen ist es international erprobt und bewährt. Eine Kernannahme des Programms ist es, aus Schwächen und Problemen Ressourcen zu machen. Und dazu wird der Fokus verändert: Anstatt zu sagen: »Das kann ich nicht, ich habe ein Problem« (Defizitorientierung), wird herausgearbeitet, was man lernen kann. Damit wird das Problem als Lernziel formuliert, es werden einzelne Schritte erarbeitet und es werden Unterstützer*innen für diesen Lernprozess gesucht. Es steht also die Frage im Zentrum: »Was brauchst du, um das Ziel zu erreichen (damit du das Problem nicht mehr hast)?« Zugleich wird bereits der Zustand antizipiert, wie es ist, wenn man das (Etappen-)Ziel erreicht hat – und wie man dies feiern und würdigen will.

Ressourcenorientierung ist im Setting Schule nicht immer und ohne Einschränkungen möglich. Wie kann es trotzdem gelingen, eine ressourcenorientierte Grundhaltung einzunehmen? Die folgenden Impulse können hilfreich sein:

***Impuls:* Halbvolles vs. halbleeres Glas**

Analog zu dem Bild des halbvollen bzw. halbleeren Glases kann man die meisten Situationen durch die »Optimisten-Brille« oder die »Pessimisten-Brille« betrachten.

Beispiel: In meinen Unterrichtshospitationen habe ich immer wieder sehen können, wie Lehrer*innen auf unruhige Klassen reagieren. Einige reagierten relativ schnell angespannt, forderten Ruhe ein, und als das nicht funktionierte, sind sie in einen sogenannten »Mecker-Modus« verfallen. Für sie war der Unterricht dann in der Regel sehr kräftezehrend und hat ihre negative Sicht verstärkt. Andere Lehrer*innen haben in den gleichen Klassen auf die gleiche Unruhe vollkommen anders reagiert. Sie haben zunächst einmal selbst eine angenehme Position gesucht (z. B. einen stabilen ruhigen Stand) und dann die Dinge benannt, die ihnen positiv auffielen (z. B. »Ich sehe, dass viele schon die Federmappen auf dem Tisch haben. Das freut mich«, »Ich merke, wie es nach und nach leiser wird, das ist gut«). Meistens führte das auch bei den Lerngruppen zu positiverem Verhalten (dafür gibt es aber keine Garantie) – v. a. aber ging es diesen Lehrer*innen am Ende der Stunde besser. Sie nahmen auch deutlich mehr positive Aspekte wahr, die im Nachhinein ein besseres Gefühl machten.

Impuls: Probieren Sie eine Woche lang nach jeder Unterrichtsstunde nur die positiven Aspekte zu benennen, die Ihnen aufgefallen sind. Diese können sich sowohl auf das Schüler*innen-Verhalten als auch auf Ihr eigenes Verhalten beziehen. Häufig fühlt es sich nicht richtig an, nicht auch die negativen Aspekte zu benennen. Probieren Sie es trotzdem eine Woche lang – und achten Sie auf die Wirkungen. Was verändert sich bei Ihnen? Wie verändern sich gegebenenfalls Ihre Interaktionen?

***Impuls:* Utilisierung – Stolpersteine nutzen**

So können Sie Ben Fuhrmanns Ansatz nutzen, um Ihre mentale Gesundheit im Schulalltag zu fördern:

1) Wählen Sie eine Situation, in der Sie ein Problem haben.
2) Formulieren Sie, was Sie lernen müssten, damit Sie dieses Problem nicht mehr haben. (Manchmal kann

das eine Fähigkeit zur Problemlösung sein, ein anderes Mal benötigt man Fähigkeiten und Perspektiven, das in Würde zu ertragen, was man nicht verändern kann.)

3) Was könnten erste Schritte sein, was wären erste Erfolge, an denen Sie sehen können, dass Sie auf einem guten Weg sind?
4) Wer könnte Sie bei diesem Vorhaben unterstützen? Was könnten die Personen tun? Sprechen Sie diese Personen an, erklären Ihr Anliegen und bitten um Unterstützung.
5) Wie würdigen Sie es, wenn Sie bemerken, dass Sie auf einem guten Weg sind? Bei vielen Menschen ist es hilfreich, dies zu feiern. Das hört sich für viele zunächst etwas ungewöhnlich an, aber für viele ist das sehr wirkungsvoll und hilfreich.
6) Nehmen Sie sich nicht zu viele Lernziele zur gleichen Zeit vor (selbst, wenn Sie viele Ziele hätten). Konzentrieren Sie sich lieber zunächst auf ein Ziel und wachsen Sie an diesem. Genießen Sie jedes Wachstum und würdigen Sie die (harte) Arbeit, die Sie investieren. Bleiben Sie am Ball!

Hinweis: Es hat sich bewährt, wenn man gemeinsam aus Stolpersteinen Treppen oder Brücken baut. Deswegen eignet sich das Growth Coaching (s. Kapitel 3.2) besonders für die Bearbeitung dieses Impulses.

5.4 Dankbarkeit – auch für das Scheitern

Dankbarkeit zu empfinden ist eine Haltung, die häufig wenig mit äußeren Umständen zu tun hat. Es geht insbesondere darum, welche Aspekte des Alltags verstärkt wahrgenommen und wie sie bewertet werden. Viele Menschen neigen dazu, in einem Alltag, der durch positive wie negative Ereignisse geprägt ist, besonders stark die negativen Ereignisse wahrzunehmen, sich stärker gedanklich mit ihnen zu beschäftigen und ihnen auf diese Weise einen größeren Stellenwert im eigenen Leben und Erleben zu geben. Diese Tendenz wird als Negativitätszerrung (*negativity bias*) bezeichnet und ist ein Risikofaktor für Burnout (Bianchi & da Silva Nogueira, 2019). Vielfach haben wir diese Tendenz als Gewohnheit entwickelt. Darüber hinaus ist es aus Sicht der Evolutionspsychologie für unsere Vorfahren oft überlebenswichtig gewesen, das Schlechte anzunehmen und deswegen häufiger wahrzunehmen. Dieses Erbe tragen wir auch heute noch in uns, obgleich es in den meisten Fällen seine Funktion verloren hat.

Dankbarkeit ist die gegenteilige Tendenz. Es konnte gezeigt werden, dass Dankbarkeit tatsächlich trainierbar ist und dass ein solches Training das Wohlbefinden von Lehrer*innen verbessert und deren Burnoutrisiko deutlich verringert (Chan, 2011). Weil die Perspektive der Dankbarkeit in der Regel nicht evolutionär gesichert ist, müssen wir diese erst kultivieren – d.h., uns angewöhnen und trainieren. Im Folgenden lernen Sie eine kleine Übung kennen, mit der Sie Dankbarkeit niederschwellig trainieren können.

***Impuls:* Dankbarkeit kultivieren**

Blicken Sie zwei Wochen lang jeden Abend zurück und notieren Sie zunächst mindestens drei Ereignisse des Tages, für die Sie dankbar sein könnten.

Aktivieren Sie nun für jedes dieser Ereignisse eine lebendige Erinnerung. Gestalten Sie Ihre Erinnerung so, dass ein Gefühl von Dankbarkeit entsteht. Beantworten Sie sich schließlich folgende drei Fragen:

1) Wie gelingt es Ihnen gut, das Gefühl der Dankbarkeit zu aktivieren? Was tun Sie, damit das gelingt? Was könnten Sie tun, damit es Ihnen schwerer fällt? (Unter »tun« können auch gedanklich Aktivitäten verstanden werden)
2) Welchen Einfluss hat es auf Ihr Erleben und Ihre Befindlichkeit, wenn es Ihnen gelingt, dankbar zu sein? Welchen Einfluss hat es, wenn es Ihnen nicht gelingt? Beobachten Sie und ziehen Sie Ihre Schlüsse. Welche sind das?
3) Welchen Einfluss hat es auf andere Personen, wenn es Ihnen gelingt, dankbar zu sein? Woran merken andere das? Was verändert sich?

Hinweis: Auch dieser Impuls ist geeignet, um ihn im Growth-Coaching-Format zu bearbeiten.

5.5 Benefit Finding – eine besondere Form der Dankbarkeit

Das Benefit Finding ist eine ganz besondere Form der Dankbarkeit und Sinnhaftigkeit. Charles Carver und Michael Antoni (2004) fanden heraus, dass Krebspatientinnen, die ihre Krankheit nicht nur akzeptierten, sondern auch noch einen Sinn darin fanden, ein deutlich geringeres Risiko hatten, zusätzlich an einer Depression zu erkranken. Sie fühlten sich durch die Krankheit weniger belastet als Patientinnen, die keinen Sinn in der Krankheit fanden. Das Gute-im-Schlechten-Finden wird in der positiven Psychologie als Benefit Finding bezeichnet. Bonni A. McGregor und Kolleg*innen konnten zeigen, dass sich kognitives Stressmanagement und Benefit Finding nicht nur auf die mentale Gesundheit von Krebspatienten auswirken, sondern tatsächlich auch das Immunsystem stärken und Entzündungen im Körper reduzieren (McGregor u. a., 2004). Die Forscherin Juliane Bower und Kolleg*innen untersuchten bereits 1998 junge HIV-infizierte Männer, die zudem eine nahstehende Person durch AIDS verloren hatten. Sie fanden heraus, dass bei Patienten der Immunstatus über lange Zeit besser und stabiler war, wenn sie ihre Krankheit akzeptierten und zudem einen »Sinn« in ihr fanden. Beispielsweise bemerkten Patienten, dass ihnen andere Dinge im Leben wichtiger wurden, dass sie ihre Prioritäten veränderten. Dies erfüllte sie mit dem Erleben von Sinnhaftigkeit und Dankbarkeit. Sie überlebten deutlich länger, als in den 1990er Jahren erwartbar gewesen wäre.

Was bedeutet das für die Gesundheit von Lehrkräften? Lehrer*innen haben berufsbedingt andere Herausforderungen als die, die in den oben genannten Studien untersucht wurden. Aber auch die Herausforderungen im Lehrberuf kann man als Einladung verstehen, an ihnen zu wachsen und in diesem Sinne Benefits zu finden. Das gelingt in der Praxis unterschiedlich gut. Aber jedes Mal, wenn es gelingt, für eine Herausforderung zugleich auch

Dankbarkeit zu empfinden, weil man an ihr wachsen kann, hat das mit großer Wahrscheinlichkeit eine positive Auswirkung auf die mentale und körperliche Gesundheit. Die beiden folgenden Impulse stellen ein mögliches Vorgehen vor. Sie bauen aufeinander auf und stammen aus dem Training *Stark im Stress* (Eckert & Tarnowski, 2023). Deutlich wird die Grundidee in der Parabel vom chinesischen Bauern und seinem Sohn:

> Der Bauer und sein Sohn sind sehr arm und leben mehr schlecht als recht. Die einzige Hilfe bei der Arbeit ist ein altes Pferd. Eines Tages läuft dieses Pferd weg. Alle Nachbarn kommen und bedauern den Bauern wegen dieses Unglücks. Der Bauer bleibt ruhig und fragt zurück: Woher wisst ihr, dass dies ein Unglück ist?
>
> Nach einer Woche kommt das Pferd zurück und bringt 10 Wildpferde mit, die der Bauer und sein Sohn einfangen können. Wieder kommen die Nachbarn. Diesmal gratulieren sie ihm zu diesem Glück. Der Bauer entgegnet: Woher wisst ihr, dass dies ein Glück ist?
>
> Beim Zureiten der Wildpferde stürzt der Sohn vom Pferd und bricht sich das Bein. Die Nachbarn kommen gelaufen und bedauern den Bauern wegen dieses Unglücks. Der Bauer entgegnet wiederum: Woher wisst ihr denn, dass dies ein Unglück ist?
>
> Dann bricht ein Krieg aus und viele junge Männer sterben – nicht aber der Sohn des Bauern, da er wegen des Beinbruchs nicht in den Krieg ziehen musste. (Aus dem *Huainanzi*)

Impuls: Ressourcen, die aus Schwierigkeiten entstanden sind

Suchen Sie eine Ressource in Ihrem Leben, von der Sie ahnen oder wissen, dass diese u. a. auch durch Schwierigkeiten oder durch unangenehme bis schmerzhafte Ereignisse in Ihrem Leben entstanden ist. Das können Fähigkeiten sein, die Sie aufgrund der Schwierigkeiten erworben haben, oder wichtige Personen, die Sie eben aus diesen Gründen kennengelernt haben. Vielleicht haben Sie auch wichtige Entscheidungen getroffen oder Ihre Sicht auf die Welt verändert.

Suchen Sie solche Ressourcen, deren Wurzeln im Schmerzhaften, in Schwierigkeiten oder in Herausforderungen liegen. Würdigen Sie den Anteil der Schwierigkeiten.

Wichtig: Wählen Sie zuerst die Ressource aus und nicht die Schwierigkeit. Denn es geht nicht darum, zwanghaft aus jeder Schwierigkeit eine Ressource zu entwickeln. Das kann gegenteilige Effekte haben.

Hinweis: Durch so eine regelmäßige Reflexion verändert sich die Brille, durch die wir die Welt betrachten. Das kann eine gute Grundlage für den folgenden Impuls sein.

Impuls: Benefit Finding im Alltag

Vorab: Nicht jedes Leid hat einen Sinn und nicht aus jedem Leid oder aus jeder Schwierigkeit muss man etwas lernen. Dieser Impuls lädt Sie dennoch ein, alltägliche Schwierigkeiten als Anlass und als Inspiration für persönliches Wachstum zu nutzen. Allerdings beurteilen

Sie in jedem einzelnen Fall, ob Sie diesen für angemessen halten, um daran zu wachsen. Diese Überlegung soll einem Automatismus à la »Es wird schon irgendeinen Sinn geben« vorbeugen.

Schritt 1: täglich eine Schwierigkeit, eine leidvolle Erfahrung oder ein Ärgernis auswählen. Wählen Sie zwei Wochen lang täglich eine Schwierigkeit, eine leidvolle Erfahrung oder ein Ärgernis aus, an dem Sie wachsen möchten. Prüfen Sie jedoch zuvor, ob Sie das Ereignis im oben genannten Sinn als angemessen einschätzen. In der Regel geht es bei der Auswahl um die »kleinen« täglichen Ärgernisse. Diese können beruflicher/schulischer oder auch privater Natur sein.

Schritt 2: Benefit (er-)finden. Stellen Sie sich vor, dass diese Schwierigkeit, leidvolle Erfahrung oder dieses Ärgernis irgendwann zu Ihrem Persönlichkeitswachstum beitragen könnte,

- indem es neue Möglichkeiten eröffnet oder Gelegenheiten schafft,
- indem es Ihnen zu neuen Einsichten oder Perspektiven verhilft,
- indem Sie wertvolle Fähigkeiten oder Bewältigungsstrategien entwickeln oder stärken.

Malen Sie sich den Benefit so lebendig wie möglich aus. Es geht nicht darum, dass dieser tatsächlich eintreffen muss, sondern vielmehr darum, dass er eintreffen könnte. Sie laden sich also selbst zum Spekulieren ein. Dahinter steht die Annahme, dass Sie auf diese Weise erstens eine neue Perspektive auf das Ereignis bekommen – und es somit weniger belastend wirkt. Zweitens kann ein solches Antizipieren dabei unterstützen, dass Wachstum tatsächlich wahrgenommen und damit gefördert wird.

Schritt 3: Dankbarkeit oder Sinnhaftigkeit spürbar erleben. Wenn es Ihnen gelingt, neben den negativen Emotionen, die das Ereignis auslöst, auch positive Emotionen bezogen auf den möglichen Benefit zu erleben, fördert das nicht nur Ihre Gesundheit, sondern stärkt auch Ihre Fähigkeit, Dinge in Würde zu ertragen, die Sie nicht verändern können. Das ist ein wesentlicher Resilienzfaktor; das Gegenteil wäre, sich an Ereignissen oder Zuständen aufzureiben, die man nicht verändern kann. Denn oft sind es die Ereignisse, die wir nicht beeinflussen und zugleich schwer akzeptieren können, die das Wohlbefinden und die Gesundheit beeinträchtigen. »In Würde ertragen« bedeutet aber nicht, alles resigniert zu akzeptieren, sondern nur zu akzeptieren, dass man keinen »direkten« Einfluss hat. In dem Maße, in dem es Ihnen gelingt, sich zu erlauben, parallel zu den negativen Emotionen auch positive Emotionen wie Dankbarkeit oder das Gefühl von Sinnhaftigkeit zu erleben, in dem Maße entwickeln Sie emotionale Resilienz.

Hinweis: Dieser Impuls ist gut geeignet, um ihn im Rahmen des Growth-Coaching-Prozesses (s. Kapitel 3) zu bearbeiten.

Im nächsten Kapitel wird der Aspekt der emotionalen Resilienz vertieft. Es werden die Emotionsarbeit, die in interaktionsstarken Berufen wie dem Lehrberuf zu Belastungen führen kann, die emotionale Kompetenz und die Stressbewältigung als Resilienzfaktoren beleuchtet. Weil unsere Emotionen und unsere Stimmungen vielfach zu einer verzerrten Wahrnehmung einladen, lernen Sie unterstützende Möglichkeiten des Mood Tracking kennen, die dabei helfen herauszufinden, was dauerhaft für Sie gesund und hilfreich ist. Damit Sie diese Ansätze optimal nutzen können, ist eine wachstums- und ressourcenorientierte Haltung, wie sie in diesem Kapitel beschrieben wurde, günstig (Cleven u. a., 2023).

6 Stellschraube Emotionsarbeit und Stressbewältigung

In der repräsentativen Befragung von über 20 000 Erwerbstätigen durch das Bundesinstitut für Berufsbildung (BIBB) und die Bundesanstalt für Arbeitsschutz und Arbeitsmedizin (BAuA) wurden Symptome zu verschiedenen Beschwerden erhoben (Lohmann-Haislah, 2012). Die in einer Berufsgruppe zusammengefassten 707 Lehrer*innen litten im Vergleich zu anderen Berufsgruppen stärker unter (1) allgemeiner Müdigkeit, Mattigkeit oder Erschöpfung, (2) Nervosität oder Reizbarkeit, (3) emotionaler Erschöpfung und (4) Schlafstörungen. Auch eine aktuelle Studie, in der in sechs europäischen Ländern (darunter Deutschland) insgesamt 27756 Lehrer*innen befragt wurden, fand vergleichbare Ergebnisse: Das Stresslevel, das Ausmaß von Ängsten, Fatigue und Schlafproblemen sind im Lehrerberuf deutlich höher als bei anderen Professionen (Redín & Erro-Garcés, 2020). Lehr (2014) sieht diese Symptome als Hinweis dafür, dass Stress- und emotionale Belastungen bei Lehrer*innen sehr hoch sind.

Die Gründe für die hohen stress- und emotionsbezogenen Belastungen sind vielfältig, aber nicht zuletzt gehören Lehrer*innen zu den interaktionsstarken Berufen, die in einem hohen Maß interpersonelle Emotionsarbeit leisten müssen. Emotionsarbeit bedeutet, dass Lehrer*innen in Interaktionen Gefühle zeigen müssen/wollen, die sie aktuell nicht spüren (z.B. Wohlwollen signalisieren, obwohl man sich zuvor über eine andere Person geärgert hat und dieser Ärger noch nachwirkt). Ein weiterer Aspekt der

Emotionsarbeit ist es, Gefühle nicht zu zeigen, die man aktuell spürt. Diese Formen der Emotionsarbeit können zu emotionalem Dissonanzerleben führen, das in einem starken Maße als erschöpfend und stressvoll erlebt werden kann (Kenworthy u. a., 2014). In beruflichen Kontexten ist das Erleben emotionaler Dissonanzen oft unvermeidbar, denn in vielen interaktionsstarken Berufen gibt es sogenannte *display rules*, also »Regeln«/Erwartungen, welche Emotionen zu zeigen sind. Anders als beispielsweise bei Servicekräften sind im Lehrberuf die Erwartungen, welche Emotionen zu zeigen sind, oft nicht von außen bestimmt, sondern sie sind (mehr oder weniger) intrinsisch motiviert. Darin liegt einerseits eine große Chance für die Arbeit an der Lehrergesundheit, und zugleich bringt dieser Umstand eine Reihe von Fallstricken mit sich, die sich negativ auf die Gesundheit und das Wohlbefinden von Lehrer*innen auswirken können.

In Kapitel 6.1 werden Befunde und Wege aufgezeigt, wie Lehrkräfte mit dem Erleben emotionaler Dissonanz auf eine Weise umgehen können, dass sie mehr Zufriedenheit, Selbstbestimmung und zugleich weniger Stress und emotionale Erschöpfung erleben. Einige der in Kapitel 6.1 vermittelten Strategien lassen sich sofort in die Praxis umsetzen, für andere wird ein erhöhtes Maß an emotionalen Kompetenzen benötigt. Weil Lehrer*innen in vielen beruflichen Situationen ein überdurchschnittliches Maß an emotionalen Kompetenzen benötigen, werden in Kapitel 6.2 bewährte Möglichkeiten zum systematischen Training emotionaler Kompetenzen vorgestellt.

Emotionale Belastungen und Stresserleben im Lehrberuf gehen selbstverständlich nicht nur auf Interaktionen und die damit verbundene Emotionsarbeit zurück. Vielmehr benötigen Lehrer*innen flexible Stressbewältigungsstrategien, die sie in die Lage versetzen, an nicht veränderbaren Umständen nicht zu verzweifeln und »wundzulaufen«, sondern die Gegebenheiten in Würde zu ertragen, die sie nicht verändern können. Je »leerer« der mentale Akku ist, desto schwerer fällt es Menschen, sich und ihre Emotionen zu regulieren. Daher geht es in Kapitel 6.3 um Regeneration und in Kapitel 6.4 um Methoden des Erholungsverhaltens.

Abschließend werden in Kapitel 6.5 Mood-Tracking-Apps vorgestellt, die für Lehrpersonen von besonderem Interesse sind, um die eigene Stimmungslage kontinuierlich im Blick zu behalten und gegebenenfalls auch Veränderungen zu bemerken.

6.1 Deep Acting vs. Surface Acting – eine Frage der Authentizität

In (professionellen) Interaktionen wird von Lehrer*innen erwartet, dass sie nicht nur die Emotionen zeigen, die sie aktuell empfinden. Es wird häufig auch erwartet, dass sie Emotionen nach außen zeigen, die sie aktuell nicht erleben. Beispiele sind Motivation, auch wenn sie selbst noch müde sind, oder Geduld mit langsamen Schüler*innen, selbst wenn sie Ungeduld spüren. Von Lehrer*innen wird darüber hinaus erwartet, dass sie Emotionen nicht zeigen, die sie aktuell erleben und die als nicht angemessen angesehen werden. So sollte beispielsweise Ärger, der aus einem privaten Kontext stammt, in der Klasse nicht oder nur in abgeschwächter Form sichtbar sein. Die – häufig ungeschriebenen – Regeln, wann eine Emotion gezeigt werden darf oder sollte, nennen sich *display rules.* Diese unterscheiden sich meistens nach Setting und Beruf. So werden von Flugbegleiter*innen andere emotionale Interaktionen erwartet als von Lehrer*innen. Aber auch unter Lehrer*innen gibt es Unterschiede (an Brennpunktschulen werden andere emotionale Reaktionen erwartet als an Gymnasien in sehr vornehmen Gegenden).

Obwohl die Reglementierung durch Display Rules bei Lehrkräften geringer ist als in anderen Berufen (Servicepersonal), spielen diese bei der Aufrechterhaltung von Gesundheit und Belastung trotzdem eine Rolle. Vielfach ergeben sich die Display Rules im Lehrberuf eher durch pädagogische Notwendigkeit als durch äußere Erwartungen.

Diese Form der Emotionsarbeit kann bei einigen Lehrpersonen zu emotionalen Dissonanzen führen, die vielfach als kräftezerrend und belastend erlebt werden. Auf andere Lehrer*innen scheinen diese Aspekte der professionellen Interaktion keine negativen Auswirkungen zu haben. Warum ist das so?

Verschiedene Forschungsarbeiten zeigen, dass es grundlegend zwei Wege gibt, die erwarteten oder gewünschten Emotionen zu zeigen und die unerwünschten Emotionen zu unterdrücken. (1) Surface Acting ist die Strategie, empfundene, aber unerwünschte Emotionen zu unterdrücken, so dass sie nicht sichtbar werden. Sie bleiben jedoch spürbar. Erwünschte Emotionen, die aktuell nicht empfunden werden, werden gespielt. Beides ist sehr kräftezerrend. (2) Unter Deep Acting versteht man das Regulieren der aktuellen Befindlichkeit, so dass gewünschte Emotionen tatsächlich empfunden und unerwünschte Emotionen im Erleben reduziert werden. Auf diese Weise reduziert sich das Erleben von Dissonanz. Deep Acting führt zu deutlich weniger Belastungserleben.

Wie aber kann es gelingen, die eigentliche Befindlichkeit so zu regulieren, dass sie den Erwartungen bzw. den Anforderungen einer Situation, den Display Rules, entspricht? Bevor Sie weiterlesen, nehmen Sie sich bitte einmal Zeit für eine kurze Reflexion der folgenden zwei Impulse:

***Impuls:* Deep Acting in der Praxis**

Suchen Sie Situationen, in denen es notwendig war, die eigene Befindlichkeit zu beeinflussen. Beispielsweise könnten Sie morgens müde in den Unterricht kommen und sich selbst motivieren, um motivierend auf die Schüler*innen zu wirken. Oder sie spüren Ärger und Ungeduld, aktivieren aber ein Gefühl der Gelassenheit.

Beschreiben Sie einmal für sich, unter welchen Bedingungen es Ihnen besser und unter welchen schlechter gelang, das erwünschte/erwartete Gefühl auch tatsächlich zu spüren.

***Impuls:* Surface Acting ohne negative Folgen für die Gesundheit?**

Bestimmt kennen Sie Situationen, in denen Sie nur vorgaben, bestimmte Emotionen zu empfinden (oder auch nicht zu empfinden), während es bei Ihnen innen ganz anders aussah (Surface Acting). Dieses Erleben wird emotionale Dissonanz genannt und ist in der Regel sehr belastend.

Aber bestimmt kennen Sie Beispiele für emotionale Dissonanz, von denen Sie sich nicht vorstellen können, dass diese belastend sind. Falls das so ist, beschreiben Sie sich selbst einmal die Bedingungen, unter denen dieses Surface Acting sich nicht belastend anfühlt.

Viele Menschen machen die Erfahrung, dass sie vorgeben können, Emotionen zu spüren, die sie gar nicht spüren – oder Emotionen nicht zu spüren, obgleich sie diese empfinden, ohne sich dabei belastet zu fühlen. Dies scheint im Widerspruch zu den Befunden zu stehen, dass Surface Acting mit höheren Belastungen einhergeht. Warum ist das so?

Hier scheint die Intention eine Rolle zu spielen. Personen, die Emotionen vortäuschen und diese für richtig und gut befinden, erleben deutlich weniger Belastung trotz emotionaler Dissonanz als Personen, die nicht von der Richtigkeit ihres Tuns überzeugt sind. Im ersten Fall spricht man von *faking in good faith* und im zweiten von *faking in bad faith* (Grandey, 2000). In Kürze lassen sich die Befunde von Grandey und vielen nachfolgenden Studien in etwa so beschreiben: Wer aus guten Gründen und voller Überzeugung die Emotionen zeigt, die von einem erwartet werden, der hat erstens mit deutlich weniger Belastung zu rechnen und der betreibt meistens auch automatisch Deep Acting – passt also seine »wahren« und wirklich erlebten Emotionen an.

Hieraus lässt sich eine wichtige Lektion für die Lehrkräftegesundheit ableiten: Wenn Sie gute Gründe für die Dinge haben, die Sie tun, dann ist die gesundheitliche Belastung auch bei anstrengenden Tätigkeiten wie emotionale Dissonanz aufbauen und aushalten deutlich weniger belastend, als wenn Sie damit nicht einverstanden sind. Und weil in interaktionsstarken Berufen wie dem Lehrberuf Erwartungen an den emotionalen Ausdruck existieren, ist es hilfreich und gesund, sich gute und überzeugende Gründe zu suchen, wenn man gegen sein ursprüngliches Empfinden handelt. Das soll übrigens nicht heißen, dass es immer gut und richtig ist, nicht seinen Emotionen zu folgen – allerdings ist das in professionellen Situationen nicht immer angebracht. Hierfür könnte der folgende Impuls Sie unterstützen, ein günstiges Mindset zu entwickeln und zu kultivieren.

***Impuls:* Gute Gründe für Emotionsarbeit**

Faking in good faith führt bei der Emotionsarbeit zu deutlich weniger Belastungserleben und unterstützt in der Regel die Deep-Acting-Strategie. Daher sind Sie in diesem Impuls eingeladen, gute Gründe zu sammeln, warum es sich lohnt oder warum es sinnvoll ist, in bestimmten Situationen andere Emotionen zu zeigen, als man eigentlich empfindet. Legen Sie gerne eine Tabelle an. Sie könnte etwa so aussehen:

Situation	*Ursprüngliche Emotion / emotionaler Zustand*	*Neue Emotion / gezeigte Emotion*	*Guter Grund*
Begrüßung zur ersten Stunde, alle sind müde.	Müde, wenig motiviert	Motivation und Elan	Ich möchte motiviert wirken, um die Schüler*innen ebenfalls zu motivieren.

Ein Schüler stellt zum fünften Mal dieselbe Frage.	Ungeduld	Geduld, Zugewandtheit, echtes Interesse	Mit Geduld, Zugewandtheit und echtem Interesse verstehe ich vielleicht, warum der Schüler wiederholt diese Frage stellt und was er braucht, damit er zukünftig nicht so häufig nachfragen muss.

6.2 Stressbewältigungsstrategien und emotionale Kompetenzen für den Lehrerberuf

Situationen oder situative Herausforderungen können Stresserleben und aversive Emotionen auslösen. Zur Bewältigung von Stress sind Arbeiten von Richard Lazarus wegweisend. Schon 1999 unterschied er dabei zwischen problemzentrierten Strategien und emotionszentrierten Strategien. Erstere zielen auf die Förderung der Problemlösung zur Regulation der belastenden Gefühle ab, während zweitere die Regulation der dabei entstehenden Emotionen fokussiert, ohne das Problem zu lösen.

Ursprünglich ging Lazarus davon aus, dass das Regulieren der Emotionen ohne das Lösen des Problems dysfunktional ist. Dies ist – insbesondere mit Blick in die Schulen – heute nicht mehr Konsens. Viele Probleme lassen sich nicht oder nicht unmittelbar lösen. Hier ist es notwendig, die eigene Betroffenheit so zu regulieren, dass nicht die Gesundheit gefährdet wird und das Wohlbefinden dauerhaft leidet

(Lehr u. a., 2008). Generell sollten aber die Emotionen nur in dem Maße reguliert werden, dass eine optimale Betroffenheit zur Lösung des Problems erlebt wird (Eckert, Ebert & Sieland, 2013).

Stressprävention basiert entsprechend auf drei Säulen: (1) instrumenteller Stressbewältigung, (2) palliativ-regenerativer Stressbewältigung und (3) kognitiver Stressbewältigung. Die instrumentelle Stressbewältigung zielt auf das Lösen der Probleme und damit auf das Beseitigen der Stressoren ab. Bei der palliativ-regenerativen Stressbewältigung steht die Erholung und das Erleben positiver Zustände im Fokus, während die kognitive Stressbewältigung darauf abzielt, die innere Verarbeitung (Bewertung und Interpretation) der äußeren Bedingungen (Stressoren) zu beeinflussen.

Im Folgenden werden praxistaugliche Strategien zur Stressbewältigung und zur Regulation von Emotionen vorgestellt, die dem Training *Stark im Stress* (Eckert & Tarnowski, 2022) entlehnt sind. Diese Übungen zählen zum palliativ-regenerativen Ansatz. Das Training *Stark im Stress* adressiert jedoch alle drei Säulen und bezieht die Förderung emotionaler Kompetenzen systematisch mit ein.

Entspannung

Das Auftreten starker Emotionen und von Stress führt zu einer erhöhten Muskelanspannung. Umgekehrt reduziert eine willentlich herbeigeführte Muskel- und Atementspannung messbar die Intensität von Stress und Emotionen (z. B. Eckert u. a., 2019). Ein kleines Experiment macht diese Wechselwirkung spürbar (s. Impuls). Um in emotional schwierigen Situationen Entspannung zur adäquaten Emotions- und Stressregulation nutzen zu können, bedarf es eines regelmäßigen Trainings (Berking, 2008). Das Praktizieren von Entspannungsübungen fördert die Fähigkeit, in emotional schwierigen Situationen (z. B. Konflikten) auf gelernte professionelle Strategien zurückgreifen zu können. Das regelmäßige Üben von Entspannung ist ein Baustein des Trainings *Stark im Stress.*

***Impuls:* Entspannungsexperiment**

Setzen Sie sich jetzt bitte einmal so entspannt hin, wie es Ihnen gerade möglich ist. Lassen Sie alle Muskeln in Ihrem Körper locker – so gut es geht – und achten Sie darauf, dass Sie ruhig und gleichmäßig atmen. Lassen Sie die Schultern hängen ...

Und jetzt versuchen Sie sich bitte einmal zu ärgern – bleiben Sie dabei aber entspannt sitzen, lassen Ihre Schultern weiter hängen und atmen Sie ruhig und gleichmäßig weiter. Wie gut funktioniert das Ärgern?

Im zweiten Schritt ballen Sie jetzt die Hände zu Fäusten, so als ob Sie boxen wollten, und beißen Ihre Zähne zusammen. Spannen Sie dabei Ihre Muskeln richtig an ...

Und versuchen Sie jetzt noch einmal sich zu ärgern. Wie gut klappt es jetzt?

Hinweis: Der spürbare Unterschied entsteht durch die Rückmeldung des Körpers an das Gehirn über den Entspannungszustand. Dieser wird in die Gefahreneinschätzung integriert.

> ***Tipp:* Zugang zu einer Entspannungsübung**
> Wenn Sie regelmäßig Entspannung trainieren möchten, hat sich die Progressive Muskelentspannung / Progressive Entspannung als ein sehr effizientes Verfahren erwiesen. Unter folgendem Link finden Sie eine videobasierte Anleitung und Audiodateien für das regelmäßige Üben: *www.lehrergesundheit-schilf.de/entspannung.*

Achtsamkeit

Stress und Emotionen werden u. a. dadurch ausgelöst und aufrechterhalten, wie eine Person ein Ereignis interpretiert und bewertet. Dies geschieht meistens unbewusst. In der subjektiven Wahrnehmung fühlt sich die Interpretation und Bewertung nicht nach einer von mehreren möglichen Wegen, die Dinge zu sehen, an, sondern als einzige Möglichkeit. Daher erleben Menschen insbesondere aversive Emotionen als alternativlos.

Regelmäßiges Praktizieren von Achtsamkeit stärkt die Fähigkeiten, die es braucht, nicht an eigenen Interpretationen und Bewertungen sowie eigenen (starren) Zielen anzuhaften. So können die emotionale Betroffenheit und die Erregung reduziert und damit neue Denkmöglichkeiten und Perspektiven eröffnet werden. Die Wirkung von Achtsamkeit auf die Stress- und Emotionsregulation ist durch viele Studien gut belegt (Chambers, Gullone & Allen, 2009). Deswegen ist das Praktizieren von Achtsamkeit ein integraler Bestandteil des Trainings *Stark im Stress*. Der folgende Impuls zielt auf die Förderung von Achtsamkeit ab und lässt sich schnell und unkompliziert durchführen.

Wird die Übung regelmäßig (und länger als eine Minute) praktiziert, zeigt sie erstaunliche Wirkung.

***Impuls:* Übung: Eine Minute Achtsamkeit**

Lenken Sie zunächst Ihre Aufmerksamkeit auf Ihren Atem und nehmen wahr, wie er in Ihren Bauchraum ein- und wieder ausströmt. Immer wenn Sie abgelenkt werden – z. B. durch einen Gedanken –, machen Sie sich eine mentale Notiz »abgelenkt« und führen Ihre Aufmerksamkeit zurück zum Atem. Achten Sie dann wieder auf das körperliche Gefühl, wie Ihr Atem in den Bauchraum ein- und wieder ausströmt. Wenn Sie erneut abgelenkt werden – z. B. durch ein Geräusch oder eine Körperempfindung –, machen Sie sich wieder eine mentale Notiz »abgelenkt« und kehren zurück zur Empfindung Ihres Atems. Ablenkungen sind gar nicht schlimm, Sie nehmen diese nur wahr und lassen sie »weiterziehen«. Das Zurückholen der Aufmerksamkeit ist der Kern der Übung. Trainieren Sie das jetzt eine Minute lang (z. B. indem Sie Ihren Handy-Timer auf eine Minute stellen).

Exkurs: Das Durchführen dieser Übung zu Beginn nahezu jeder Unterrichtsstunde über einen Zeitraum von zwei Wochen wirkt sich positiv auf das Klassenklima und die Arbeitsatmosphäre aus (siehe Schülerversion des Trainings *Stark im Stress*).

Hilfreiche Emotionen abrufen

Studien zeigen, dass das häufige Abrufen und Erleben positiver und hilfreicher Emotionen Personen dazu befähigt, in emotional schwierigen Situationen ihren Stress und ihre Emotionen besser und selbstbestimmter regulieren zu können (z. B. Greenberg, 2002).

Im Training *Stark im Stress* erproben die Teilnehmer*innen unterschiedliche Strategien zum Erleben hilfreicher Emotionen. Der nächste Impuls enthält eine sehr einfache anmutende, aber auch überraschend effektive Übung aus dem Training *Stark im Stress* (Eckert & Tarnowski, 2022).

***Impuls:* Tagesschätze finden**

Erinnern Sie sich eine Woche lang jeden Abend möglichst lebendig (d. h. mit allen Sinnen) an drei schöne und positive Dinge, die Sie am Tag erlebt haben, und fragen sich dabei: Welchen Anteil habe ich daran?

Diese Frage ist manchmal nicht ganz leicht zu beantworten: Denn welchen Anteil hat man schon daran, wenn man es genossen hat, ein Eichhörnchen im Baum zu beobachten? Mögliche Antworten könnten sein: Man war achtsam genug, dieses Eichhörnchen wahrzunehmen, und offen genug, es zu genießen.

***Tipp:* Zugang zu einer weiteren Übung zur Aktivierung hilfreicher Emotionen**

Unter dem Link *www.lehrergesundheit-schilf.de/anker* lernen Sie die Anker-Übung kennen, deren Ziel es ist, spezifische hilfreiche Emotionen zu aktivieren und im

Alltag nutzen zu können. Es stehen die Erklärung der Übung, ein entsprechendes Video und eine Audiodatei zum Üben zur Verfügung.

6.3 Regeneration

Wesentlich für eine gesunde Lebensführung ist das Erholungsverhalten. Es wirkt den Auswirkungen von Stress entgegen. Während im Stress das sympathische Nervensystem (als Teil des autonomen Nervensystems) aktiviert wird, zielen Erholungsaktivitäten darauf ab, den parasympathischen Teil zu aktivieren. Dieser reguliert die Pulsfrequenz und den Blutdruck herab und sorgt für eine ausreichende Aktivierung der Ruheorgane (z. B. Verdauung). Der Körper bekommt Gelegenheiten zu regenerieren.

Regelmäßige Regeneration ist wichtig, da langanhaltende Stressphasen den Organismus schädigen können, während kürzere Stressaktivierungen i. d. R. gesundheitlich vollkommen unbedenklich sind. Damit es zu einem guten Wechsel zwischen sympathischer und parasympathischer Aktivierung kommen kann, sollten mehrere kleine Erholungspausen in den Alltag eingebaut werden. Konkret bedeutet das, dass Lehrkräfte sowohl während der Schulzeit als auch bei allen Verpflichtungen danach (z. B. Erziehung von Kindern, Haushalt etc.) kleine Pausen einplanen sollten.

Die Frage, wie häufig und wie lange die Pausen sein sollten, lässt sich pauschal nicht ganz einfach beantworten. Zur groben Orientierung lässt sich empfehlen, dass etwa alle 90 Minuten eine kleine Pause (ca. 5 Minuten) genommen werden sollte. Der Erholungswert kleiner Pausen sollte nicht unterschätzt werden (Lehr, Sosnowsky & Hillert, 2007). Dies ist im Schulalltag nicht immer einfach. Daher ist der folgende Impuls eine gute und praktikable Möglichkeit:

***Impuls:* Regeneration im Schulalltag**

In den meisten Schulen sind Pausen keine Zeit für Erholung von Lehrkräften. Zu viel muss organisiert werden. Deswegen sind Sie eingeladen, Möglichkeiten zur Erholung zu finden, die nicht an die Pausenzeiten gebunden sind. Die Pausen, um die es hier geht, haben eine Dauer von ungefähr zwei bis drei Minuten.

Suchen Sie Möglichkeiten in den Unterrichtsstunden, um sich kurz zu erholen. Folgende Beispiele können Sie zur Inspiration nutzen:

- während einer Still-/Gruppenarbeitsphase sich kurz ans Fenster stellen und entspannen (für die Lerngruppen bedeutet das, dass sie lernen, zunächst selbst Lösungen zu suchen und sich erst nach drei Minuten an Sie zu wenden)
- nach der Stunde noch kurz im Klassenraum verweilen und durchatmen, erst danach ins Lehrerzimmer gehen
- Aufsichten (wann immer möglich) als erholsame Spaziergänge verbuchen
- entspannt die Spülmaschine in der Küche des Lehrerzimmers ein- und ausräumen

Suchen Sie selbst nach Ideen. Nicht jede Erholungspause muss den Titel Pause tragen.

6.4 Methoden zur Veränderung des Erholungsverhaltens

Von der Arbeit abzuschalten ist für unsere körperliche, psychische und soziale Gesundheit elementar. Allerdings fällt das Abschalten-Können von der Arbeit vielen Menschen angesichts der zunehmenden Arbeitsverdichtung und ständigen Erreichbarkeit immer schwerer. Laut Stressreport der Bundesanstalt für Arbeitsschutz und Arbeitsmedizin (BAuA) haben 22 Prozent Probleme, von der Arbeit abzuschalten. Bei einem Drittel von ihnen führte dies in den letzten 12 Monaten häufig zu nächtlichen Schlafstörungen. Besonders Frauen fällt es schwer loszulassen (BAuA, 2020). Da Lehrer*innen auch in ihrer privaten Umwelt z. B. Arbeiten korrigieren oder Unterricht vorbereiten, kann diese Entgrenzung von Arbeits- und Privatleben leicht dazu führen, dass im Privatleben weiterhin Gedanken an die Schule auftreten. Zwar sollte es selbstverständlich sein, dass sich Menschen insbesondere bei hoher Arbeitsbelastung erholen, tatsächlich werden gerade in angespannten Arbeitsphasen Zeiten für Erholung nicht oder nur verkürzt genutzt (BAuA, 2020). Dieses Phänomen wird in der Wissenschaft als Erholungsparadox bezeichnet (Sonnentag, 2018). Sich nach einem belastenden Arbeitstag noch einmal zum Sport aufzuraffen oder Freunde zu besuchen, fällt vielen Menschen schwer. Sich während und nach der Arbeit bewusst zu erholen, setzt voraus, dass wir unsere Absicht (Intention) auch in die Tat umsetzen. Dies ist in der Praxis oft nicht der Fall, wie die sogenannte Intentions-Verhaltens-Lücke (*intention-behavior-gap*) offenbart. Grundsätzlich wird davon ausgegangen, dass eine starke Absicht der ausschlaggebende Faktor dafür ist, dass wir unser Gesundheitsverhalten ändern. Eine Studie von Sheeran (2002) offenbart ein anderes Bild, denn die Anzahl der Personen, die zwar eine positive Absicht hatten, aber nicht handelten, war größer als die Anzahl der Personen, die trotz negativer Absicht handelten. Die Anzahl derjenigen, die eine positive Absicht hatten, aber ihre Absicht in die Tat bzw. nicht in die Tat umgesetzt haben, war gleich groß (Sheeran, 2002). Folglich scheitern rund die Hälfte aller positiven Absichten (Sheeran & Webb, 2016). Zusammenfassend scheitern wir bei unseren guten Vorsätzen eher aufgrund einer mangelnden Willenskraft (Volition) und nicht, weil uns die Motivation fehlt (Orbell & Sheeran, 1998). Genau aus diesem Grund sind umsetzungsrelevante Hilfsmittel zur Verhaltensänderung besonders erfolgversprechend, z. B. Wenn-Dann-Pläne, Interventionen mit integrierter Fortschrittskontrolle (Sheeran & Webb, 2016).

Eine Methode, die dabei helfen kann, tägliche Pausen zu planen und tatsächlich auch in die Tat umzusetzen, stellt die WOOP-Methode dar (Oettingen, 2015). Die WOOP-Methode (www.woopmylife.org) wurde von der Psychologin Gabriele Oettingen entwickelt. Die Wissenschaftlerin stellte in ihren Studien fest, dass bei Menschen, die ihre Erfolgsaussichten aufgrund früherer Erfahrungen positiv einschätzen, die Wahrscheinlichkeit größer ist, dass sie ihre Ziele auch erreichen. Aus diesen Befunden leitete sie die Forschungsfrage ab, ob positive Fantasien auch unabhängig von tatsächlich gemachten Erfahrungen die Erfolgschancen steigern können. Diese Forschungsfrage konnte sie anhand empirischer Studien verneinen. Entscheidend für den Erfolg ist die Verbindung von Zielen und positiven Vorstellungen mit realistischen Hindernissen und Hürden. Der

Begriff »WOOP« steht daher für Wunsch, Ergebnis, Hindernis und Plan. Ein wesentlicher Vorteil der WOOP-Methode liegt in ihrer einfachen Struktur, die eine systematische Herangehensweise ermöglicht, wie aus dem folgenden Ablauf deutlich wird (Konrad, 2022):

1. »**W**ish« (den *Wunsch formulieren*),
2. »**O**utcome« (sich das *Ergebnis vorstellen*),
3. »**O**bstacle« (die *Hindernisse identifizieren*),
4. »**P**lan« (den *Wenn-Dann-Plan aufstellen*), damit die Diskrepanz zwischen Wunsch und Handeln aufgelöst wird.

***Impuls:* Visualisierung zur Steigerung der Umsetzungswahrscheinlichkeit**

Ihre Motivation kann gesteigert werden, indem Sie vergegenwärtigen wie Sie Hindernisse in der *Vergangenheit* erfolgreich überwunden haben. Auch können Sie sich bildlich vorstellen, wie eine Umsetzung in der *Zukunft* aussehen könnte und wie es sich anfühlen würden, wenn Sie Ihre Ziele umgesetzt hätten. Diese Methode ist besonders erfolgreich, je konkreter und realistischer Sie die zukünftige Situation vor Augen haben. Die bildliche Visualisierung des Zielzustandes sollte daher so detailliert wie möglich sein (Konrad, 2022):

- An welchem Ort befinden Sie sich gerade (z. B. Schule)?
- Welche Kleidung tragen Sie in dieser Situation?
- Was riechen, fühlen, sehen oder fühlen Sie in dieser Situation?
- Welche positiven Reaktionen können Sie von ihrem Umfeld wahrnehmen?

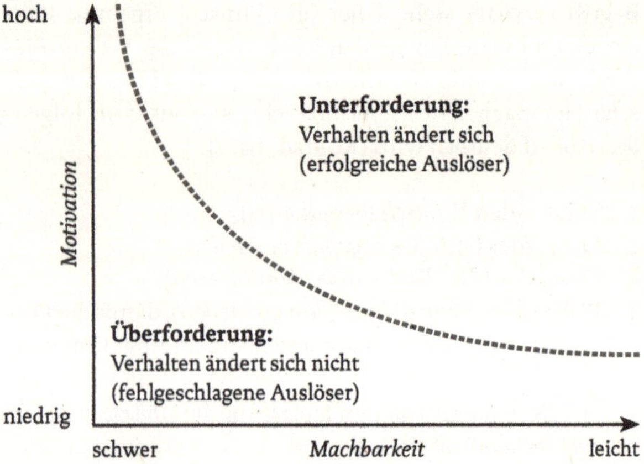

Fogg's Behavior Model (nach Fogg, 2021)

Es ist wichtig Gewohnheiten zu etablieren und neue neuronale Pfade in unserem Gehirn dauerhaft zu überschreiben. Um neuronale Pfade dauerhaft überschreiben zu können, ist die Anzahl der Wiederholungen entscheidend, denn nur auf diese Weise können neue Gewohnheiten etabliert werden. Damit ein Verhalten automatisiert wird, ist es folglich wichtig, »am Ball zu bleiben«. Bei der Etablierung von Gewohnheit kann das Konzept »Tiny Habits« des Verhaltensforschers Brian Jeffrey Fogg helfen, das die Bedeutung *kleiner konsistenter Gewohnheiten* in den Mittelpunkt stellt, um größere Ziele überhaupt erreichen zu können (Fogg, 2021). Warum gerade kleine konsistente Gewohnheiten so wichtig für die Änderung von Verhaltensweisen sind, die auf der Grundlage der Motivation, der Machbarkeit und der Auslöser vorgenommen werden, wird anhand von *Fogg's Behavior Model* (s. Abb.) schnell deutlich. Ist die Motivation, z. B. regelmäßige Pause einzulegen oder Sport zum Stressabbau durchzuführen, zu niedrig, werden Verhaltensweisen nur dann ausgeführt, wenn diese leicht sind. Ist die Motivation hingegen hoch, werden Verhaltensweisen auch dann ausgeführt, wenn diese schwer sind.

Die Tiny-Habits-Methode ist so erfolgreich, da sie sich auf »winzige Verhaltensweisen« konzentriert, die wenig Widerstand bieten, an *etablierte Gewohnheiten* (z. B. Meditation nach dem Zähneputzen) anknüpfen und zudem flexibel und skalierbar sind. Werden kleine Veränderungen erfolgreich durchgeführt, tragen diese kleinen Erfolgserlebnisse dazu bei, dass 1. Selbstvertrauen aufgebaut wird, 2. das Gefühl der Selbstkontrolle gesteigert wird und 3. auf diese Weise Gewohnheiten langfristig etabliert werden. Die Grundprinzipien des Verhaltensmodells sind (Fogg, 2021):

1. klein starten
2. Tiny Habits zu bestehenden Gewohnheiten hinzufügen
3. Erfolge feiern
4. Tiny Habits reflektieren und gegebenenfalls anpassen
5. für Kontinuität sorgen

Auch können sogenannte Stimuli, die eine gewünschte Verhaltensweise auslösen, dazu beitragen, Gewohnheiten dauerhaft zu etablieren. Solche Hinweisreize zur Motivationssteigerung stellen »sanfte Anstupser« (sogenannte *Nudges*) dar. Ein konkretes Beispiel für Nudges zur Unterstützung des Erholungsverhaltens können beispielsweise Pausenerinnerungen mithilfe von Post-its oder einer Nachricht auf dem Smartphone (Terminkalender) sein. Nudges werden in der Prävention bereits vielfach eingesetzt, um gesundheitsbezogene Verhaltenswesen in gewünschte Richtungen zu lenken. Genannt werden können z. B. aufgeklebte Fußabdrücke, die zur Treppe statt zum Aufzug führen, Abstandsmarkierungen zur Reduzierung des Infektionsrisikos während der COVID-19-Pandemie oder Autobahnplakate (»*Runter vom Gas*«; Winkler u. a., 2020). Aber auch in der Bildung werden bereits unterschiedliche Formen von Nudges eingesetzt, um das Lernverhalten von Schüler*innen positiv zu beeinflussen (siehe Damgaard & Nielsen, 2018).

***Impuls:* Etablierung von Gewohnheit mithilfe kleiner Verhaltensänderungen**

Machen Sie sich einmal Gedanken darüber, welche unerwünschte Gewohnheit Sie durch eine neue Gewohnheit überschreiben möchten.
unerwünschte Gewohnheit: ____________________
erwünschte Gewohnheit: ____________________
Erweitern Sie nach der Tiny-Habits-Methode den folgenden Satz:
Nachdem ich ______________________ (etablierte Gewohnheit),
werde ich ______________________ (neue Gewohnheit).

Erkenntnisse über den eigenen Gemütszustand zu gewinnen und zu ergründen, was uns glücklich oder unglücklich macht, kann sowohl gesunden Menschen dabei helfen ihre emotionalen Zustände zu stabilisieren als auch erkrankte Menschen (z. B. bipolare Störungen, Depressionen) dabei unterstützen, ihre Erkrankung zu »managen«. Dabei ist das »digitale Journaling« via Mood-Tracking-Apps keine neuzeitliche Erfindung, vielmehr wurde die Dokumentation emotionaler Zustände (»traditionelles Journaling«) in der Vergangenheit via Tagebuch vorgenommen.

In den meisten Apps zur psychischen Gesundheit ist das Mood Tracking bereits ein fester Bestandteil (Lagan u. a., 2021). Werden emotionale Zustände dokumentiert, kann dies unterschiedliche Gründe haben: zum einen Empfehlungen Dritter (z. B. von Freunden, Kolleg*innen, Familienangehörigen), zum anderen negative Arbeits- oder Lebensereignisse (Schueller u. a., 2021). Dabei schließt das sogenannte *self-tracking*, *quantified self* oder *lifelogging* mithilfe von Apps, Wearables (z. B. Fitnessarmbändern) oder Hearables (z. B. Kopfhörern mit Pulsmessung) die Dokumentation von emotionalen und körperlichen Zuständen, Körperleistungen sowie reinen Verhaltensweisen (z. B. Schlaf) mit ein. Das Self-Tracking kann folglich manuell (*active tracking*) oder auch automatisiert (*passive tracking*) erfolgen (Bode u. a., 2015).

Erhoben werden kann das eigene Stresslevel objektiv (z. B. automatische Messungen der Herzfrequenzrate) und subjektiv (Scherenberg & Erhart, 2020) mithilfe von Texteingabemöglichkeiten, vordefinierten Textauswahlmöglichkeiten, Emojis oder Stimmungsskalen (Pritz, 2016; Caldeira u.a., 2018), die mit positiven und negativen Stimmungswerten (z.B. optimistisch, frustriert) arbeiten. Auch ist es möglich, durchgeführte Aktivitäten (Unterricht, Sport, Schlaf etc.) miteinander zu verknüpfen, um auf diese Weise zu ermitteln, welche Gefühlslagen von welchen Aktivitäten beeinflusst werden. Erheben Sie kontinuierlich Ihre emotionalen Zustände, sind Sie in der Lage, Stimmungsveränderungen im Zeitverlauf sichtbar zu machen, um zu ergründen, welche Aktivitäten ihre psychische Gesundheit positiv und negativ beeinflussen (Fröhlich, 2019). Dabei können Sie nicht nur Ihre Stressoren (»mentale Stresskompetenz«) erheben und Ihre stressmindernden bzw. stressförderlichen Gedanken (»instrumentelle Stresskompetenz«) analysieren, sondern auch aktiv Maßnahmen zum Stressabbau (z.B. progressive Muskelrelaxation, Meditation, Kurse zum Thema Rumination bzw. Grübeln – »regenerative Stresskompetenz«) planen und durchführen (Kaluza, 2023). Ein besseres Verständnis darüber, warum die Reflexion der äußeren Stressoren, der persönlichen, »inneren« Stressverstärker und der Stressreaktionen so wichtig ist, wird bei einem Blick auf die sogenannte Stress-Ampel deutlich (siehe Abb. S.109). Die Stress-Ampel bietet Ihnen eine einfache und klare Orientierung über die drei Phasen des Stressgeschehens. Das rote Ampellicht steht dabei für potenzielle Stressoren (»Achtung!«), während das gelbe Ampellicht für die Bewertung der Stressoren und die Vorbereitung (»Gang einlegen«) und das grüne Ampellicht für die Stressreaktion (»Gas geben«) steht (Kaluza, 2023).

Ampel	Stress-Ebenen	Herausforderung	Stresskompetenz
ROT	Stressoren/ Auslöser: **Ich gerate in Stress, wenn …**	– Leistungsanforderung – Zu viel Arbeit – Soziale Konflikte – Zeitdruck – Arbeitsunterbrechung	<u>Instrumentelle Ebene:</u> **Anforderungen aktiv angehen** – Zeit planen – Grenzen setzen – Netzwerk pflegen
GELB	Persönliche Stressverstärker: **Ich setze mich selbst unter Stress, wenn …**	– Blick auf das Negative – »Muss«-Denken – Ungeduld – Perfektionismus – Kontrollstreben	<u>Mentale Ebene:</u> **Förderliche Einstellungen entwickeln** – Innere Distanz bewahren – Das Positive sehen – Eigene Grenzen akzeptieren – Chancen und Sinn entdecken
GRÜN	Stressreaktion: **Wenn ich in Stress gerate, dann …**	– Körperliche Aktivierung – Emotionale Aktivierung – Mentale Aktivierung – Verhaltensaktivierung	<u>Regenerative Ebene:</u> **Erholen und Entspannen** – Entspannungstraining – Sport und Bewegung – Genießen im Alltag, Hobbys – Regelmäßige Pausen

Stress-Ampel (nach Kaluza, 2023)

Die Auseinandersetzung mit den einzelnen Ebenen des Stressgeschehens sowie mit den eigenen Daten mithilfe von Mood Tracking kann die Körperwahrnehmung schärfen. Die Beobachtung des persönlichen Befindens kann aber auch dazu genutzt werden, um mit Kolleg*innen über die Emotionen und den damit verbundenen Ursachen zu diskutieren. Mood-Tracking-Apps können demzufolge auch dafür genutzt werden, im Schulkollegium Empathie zu fördern und Konflikten proaktiv zu begegnen (Lutchyn u.a., 2015). Ganz gleich, ob mithilfe eines Tagebuchs oder einer Mood-Tracking-App, kann die Dokumentation der eigenen Gefühlslage die Selbstwahrnehmung und Selbstreflexion, insbesondere in schwierigen Zeiten (z. B. Pandemie, kritische Schulereignisse), erhöhen. Wichtig ist, dass aus den Erkenntnissen der Dokumentation Konsequenzen gezogen werden, um die eigene Gesundheit zu fördern.

***Impuls:* Auslöser für positive und negative Emotionen ermitteln**

Notieren Sie z. B. eine Woche lang via Tagebuch oder App einmal Ihre Stimmung. Dokumentieren Sie dazu folgende Aspekte und vervollständigen Sie folgende Sätze:

- Negative/positive Stimmungen nehme ich besonders dann wahr, wenn/bei …
- Verstärkt werden meine positiven/negativen Emotionen, wenn/bei …
- Positive/negative Emotionen äußern sich körperlich/psychisch …
- Negative Emotionen/Stress kann ich effektiv am besten reduzieren durch …

7 Stellschraube Schlaf: eine gute Basis schaffen

»Der Schlaf der Vernunft gebiert Ungeheuer«: So porträtierte der spanische Künstler Francisco de Goya 1799 den Schlaf. Es handelt sich um ein Bild mit viel Aussagekraft über die Funktionen von Schlaf und Traum. Wie Goya verbildlichte und in dem Titel des Werks beschrieb, weckt der Schlaf die Ungeheuer, die wir nächtlich im Rahmen des Schlafs und Traums erleben. Diese entziehen sich der Vernunft und bewussten Kontrolle, und wir werden von irrationalen Bildern in Form von Träumen bemächtigt. Umgekehrt trifft Goya auch die Aussage, dass wir im Wachzustand von der Vernunft geleitet werden. Sind wir wach, so sind wir rationale Wesen, wohingegen im Schlafzustand die Irrationalität, hier in Form von unheimlichen Wesen, vorherrscht.

Nach dem heutigen Wissensstand sind wir genau auf diesen einerseits nicht vernunftgeleiteten, andererseits regenerierenden Zustand angewiesen, denn Schlaf ist einer der wichtigsten Faktoren für das psychische und physische Wohlergehen des Menschen. Ungefähr ein Drittel des Lebens verbringen wir im schlafenden Zustand. Während des Schlafs stellen sich andere Hirnaktivitäten als im Wachzustand ein, welche mitunter dafür sorgen, dass wir uns erholen und Kraft für die Wachphase sammeln.

Diese Hirnaktivitäten sind auch maßgeblich verantwortlich dafür, dass man von Goyas Ungeheuern heimgesucht wird. Studien haben gezeigt, dass man sich beim Aufwachen aus der REM-Schlafphase (*rapid eye movement*) an

Francisco de Goya, *El sueño de la razón produce monstruos*, 1799

mehr emotionale und lebendige Träume erinnert, als wenn man aus einer Nicht-REM-Schlafphase aufwacht (Purves u. a., 2001). Weiterhin ist bekannt, dass sich die REM-Phasen auf das prozedurale Gedächtnis und die emotionale Verarbeitung auswirken (Weeß & Landwehr, 2009). Somit spielen der Schlaf und die Schlafphasen, die wir im Verlauf dieses Kapitels kennenlernen werden, eine aktive Rolle für mentale Prozesse.

Dass Schlaf kein passiver Zustand ist, haben nicht nur wissenschaftliche und klinische Studien der letzten Jahrzehnte immer wieder gezeigt. Auch Schlafmangel im persönlichen Alltag macht unmittelbar evident, dass er unabdingbar für das Wohlbefinden und die Funktionsfähigkeit von Lebewesen ist. Jeder kennt es: nach einer ruhelosen Nacht aufzustehen und seinen Tätigkeiten nur mäßig nachgehen zu können, weil man sich schlichtweg nicht erholt fühlt. Auch Nickerchen haben eine gesundheitsfördernde Wirkung – sie können sich positiv auf die Stimmung und das Kurzzeitgedächtnis auswirken (Lovato u. a., 2009; Tucker & Fishbein, 2008). Bei Depressionen werden nicht selten schlaffördernde Medikamente verschrieben und wenn sich jemand nicht gut fühlt, wird die Person häufig als Erstes gefragt, ob sie denn gut geschlafen habe.

In diesem Kapitel wollen wir uns diesem wichtigen Thema widmen. Wir schauen uns an, was die Funktionen des Schlafs sind und was den Schlaf potenziell stören kann. Weiterhin gehen wir auf die Schlafhygiene ein und geben zuletzt alltagstaugliche Tipps für den Umgang mit dem Grübeln, das, wie wir sehen werden, auch mit schlechtem Schlaf zusammenhängt.

7.1 Funktionen von Schlaf (Relevanz)

Wie wir im vorangegangenen Abschnitt gesehen haben, bildet der REM-Schlaf einen Teil des menschlichen Schlafzyklus. Die Länge eines Schlafzyklus beträgt etwa 90–110 Minuten, so dass der erwachsene Mensch ca. 4–6 Schlafzyklen pro Nach durchläuft. Ein Schlafzyklus lässt sich in vier Abschnitte unterteilen. Der erste Abschnitt ist die Einschlafphase, in der wir in den Schlaf sinken. Dann folgt der Leichtschlaf, gefolgt vom Tiefschlaf. Erst am Ende geht der Schlaf in den letzten Abschnitt, die REM-Phase über.

Der Schlaf dient der Verarbeitung. Die Verarbeitungsprozesse betreffen sowohl den Körper als auch das Gehirn, die beide auf den Schlafzustand angewiesen sind. Erst wenn wir schlafen, nehmen bestimmte Hirnregionen ihre Arbeit auf und sorgen für das Wohlbefinden im Wachzustand. Im Schlafzustand werden verschiedene Gehirnaktivitäten in Gang gesetzt. Genutzt wird dabei die Plastizität des Gehirns, sein Potenzial für strukturelle Veränderbarkeit (Kolb & Wishaw, 1998), die durch verschiedene Verarbeitungsmechanismen während des Schlafs angeregt wird (Dang-Vu u. a., 2006).

Wenn wir uns das Lernen im Arbeitskontext anschauen, kommt der Plastizität eine große Bedeutung zu, denn diese ist u. a. dafür verantwortlich, dass unser Gehirn es schafft, sich einer sich ständig verändernden Umwelt anzupassen. Die Fähigkeit des Gehirns, neue Strukturen aufzubauen und flexibel mit den vorhandenen Strukturen umzugehen, ermöglicht Lernprozesse, die in der heutigen schnelllebigen Welt unabdingbar sind. Nicht nur auf die Arbeit bezogene Lernprozesse werden durch die Plastizität des Gehirns unterstützt. Auch befähigt uns die Plastizität mit sogenannten maladaptiven Denkmustern umzugehen. Später werden wir uns produktive Umgangsformen mit solchen negativen Denkmustern und dem damit zusammenhängenden Grübeln anschauen.

Auch unser Gedächtnis und die damit verbundenen Systeme können von ausreichend Schlaf profitieren. Schauen wir uns zunächst die erforschten Gedächtnisarten an: Zum einen gibt es das deklarative Gedächtnis. Dieses ist unterteilt in das episodische und das semantische Gedächtnis. Sie erinnern sich an das erste Mal, als sie ihren jetzigen Arbeitsplatz betraten? Diese Information, die mit einer bestimmten zeitlichen Einordnung zusammenhängt, wird im episodischen Gedächtnis gespeichert, wohingegen die Information darüber, dass Bangkok die Hauptstadt von Thailand ist, im semantischen Gedächtnis gespeichert wird. Das deklarative Gedächtnis verfügt also insgesamt über Informationen, die Sie sich in Erinnerung rufen können. Außerdem gibt es das nicht-deklarative prozedurale Gedächtnis. Hier werden die Informationen gespeichert, die nicht bewusst in Erinnerung gerufen werden können, wie beispielsweise das Fahrradfahren oder Schwimmen.

Wir wissen, dass wir während des Schlafs Informationen verarbeiten und diese in unser Langzeitgedächtnis einspeichern (Diekelmann & Steiger, 2016). Dieser Prozess wird als Konsolidation bezeichnet. Dabei werden Lerninhalte stabilisiert, sortiert und umorganisiert. Studien mit Insomnie-Patient*innen haben gezeigt, dass Schlaflosigkeit zu einer Störung in der Konsolidation von episodischen und prozeduralen Informationen führen (Cellini, 2017), wie man beispielsweise an der relativ schlechten

Leistungsfähigkeit von schlafgestörten Patient*innen in Gedächtnisaufgaben erkennt (Cipolli u. a., 2013).

Gebiert etwa Schlafmangel Ungeheuer? Wie das Defizit in der Konsolidation von Informationen veranschaulicht, kann Schlafmangel negative Folgen auf die menschliche Leistungsfähigkeit haben. Außerdem haben einige Studien in den letzten Jahren eine Verbindung zwischen Schlaf und Emotionen aufgezeigt und festgestellt, dass die Verarbeitung emotionaler Stressoren von der nächtlichen Schlafqualität, insbesondere durch den REM-Schlaf, beeinflusst wird. Dies bedeutet im Alltag, dass zu wenig Schlaf dafür sorgen kann, dass man emotionale Stressoren schlechter verarbeitet. Erleben wir also emotional stressige Situationen in unserer Tätigkeit, so hängt der Umgang damit auch von unserer Schlafqualität ab. Offenbar reagieren wir eher angespannt und sensibel gegenüber stressigen Stimuli und Ereignissen, wenn wir schlecht geschlafen haben (Goldstein & Walker, 2014). Eine inadäquate Regulierung der Emotionen kann wiederum dazu führen, dass man weniger schläft, wodurch man in einen Teufelskreis von Schlafmangel und emotionaler Überforderung hineingeraten kann.

7.2 Schlafhygiene

Studien haben gezeigt, dass die Förderung von Schlaf unter anderem durch die Schlafhygiene unterstützt werden kann. Ziel der Schlafhygiene ist es, unterschiedliche Maßnahmen vor dem Schlafengehen zu ergreifen, die es Ihnen leichter machen, ein- und durchzuschlafen. Im Folgenden finden

Sie einige solcher Maßnahmen und Rituale (nach Holzinger und Klösch, 2016). Beachten Sie, dass der Erfolg dieser Empfehlungen individuell unterschiedlich sein kann. Dementsprechend wird es etwas Zeit brauchen, bis Sie die für Sie passenden Rituale gefunden und sich daran gewöhnt haben. Nehmen Sie sich diese Zeit und versuchen Sie schon damit Ihren Alltag etwas zu entschleunigen.

Regelmäßige Zubettgeh- und Aufstehzeiten. Die Vorteile regelmäßiger Zubettgeh- und Aufstehzeiten basieren auf der Annahme, dass eine generelle Regelmäßigkeit im Leben dazu beiträgt, dass sich der Körper mit seinen Funktionen und biologischen Prozessen finden kann. Zu den biologischen Prozessen gehören unter anderem Verdauung, Verstoffwechslung und Hormonausschüttung. Eine ausgeglichene Funktionsfähigkeit dieser Prozesse geht mit einer effizienten Leistungsfähigkeit des menschlichen Körpers einher.

Der Schlaf und die Schlafqualität wiederum sind von solchen Prozessen, die aufeinander abgestimmt sind, abhängig, und die Schlafbedingungen sind je nach diesem Zusammenspiel mehr oder weniger ideal. Dementsprechend ist es wichtig, das regelmäßige »Schlaftor« zu schaffen, um es sich zu ermöglichen, möglichst gut einzuschlafen.

Einschlafrituale. Einschlafrituale können sehr vielfältig sein und verschiedene Gewohnheiten beinhalten (Schmal, 2016). Überlegen Sie, welche Aktivitäten beruhigend auf Sie wirken. Auf manche mag das Lesen eines Buchs entspannend wirken. Anderen hilft ein Bad oder Teetrinken. Hier ist Ihre Fantasie gefragt. Die Aktivität sollte durch die regelmäßige Wiederholung zum Ritual werden, damit sie ihre volle Wirkung entfalten kann.

Genügend körperliche Betätigung während des Tages. Ein ausgewogener Grad an Aktivität kann sehr gut für einen gesunden Schlaf sein. Überlegen Sie, wann und wie Sie körperliche Aktivitäten wie zum Beispiel Yoga oder Ausdauersport in Ihren Alltag integrieren können. Wenn Sie es als schwierig empfinden, Sportsequenzen in Ihren Alltag zu integrieren, überlegen Sie, ob es eine Möglichkeit sein könnte, mit dem Fahrrad zur Arbeit zu fahren. Aber auch Meditation kann ähnliche Effekte wie sportliche Aktivität haben.

Der Schlafplatz sollte ruhig sein. Es kann einen Unterschied machen, wie Geräusche auf das Individuum wirken. Monotone, ununterbrochene Geräusche können sich zum Beispiel schlaffördernd auswirken, wohingegen plötzliche Geräusche den Schlaf stören können (van den Berg u. a., 2014). Besonders für Personen, die im Schichtdienst arbeiten, können sich Störgeräusche beim Schlafen gravierend auswirken.

Gemäßigte Temperatur im Schlafzimmer. Da während des REM-Schlafs zu kalte oder warme Räume zum Aufwachen führen können (Wehr, 1992), ist es am günstigsten, für passende Temperaturen im Schlafraum zu sorgen. Hier gilt, dass 23 Grad Celsius zu warm sind. Auch die Bettdecke sollte nicht zu warm oder kalt sein, damit die Thermoregulation, die besonders während des REM-Schlafs instabil ist, nicht noch mehr destabilisiert wird. Für die Temperaturen im Schlafraum ist eine individuelle Einschätzung grundlegend. Ein Richtwert für eine angemessene Temperatur liegt zwischen 16 und 18 Grad Celsius.

Vermeiden von üppigem Essen spät am Abend. Generell ist es individuell unterschiedlich, wie viel Essen vor dem Schlafengehen zu Einschlaf- und Durchschlafproblemen führt. Meistens gilt es, ein ausgeglichenes Level zu halten und vor dem Zubettgehen nicht zu viel oder wenig zu essen.

Schlafmangel ist generell mit einer höheren Aufnahme an kalorienreichen, fetten und süßen Speisen assoziiert, wovon meistens Schichtarbeitende betroffen sind. Laut Crönlein u. a. (2015) sollen Personen, die an Insomnie leiden, möglichst nicht übergewichtig sein.

Vermeiden von aufputschenden Getränken. Koffein ist eines der Genussmittel, die Sie schon einige Stunden vor dem Schlafengehen meiden sollten. Auch das Rauchen kurbelt den Kreislauf eher an, als ihn zu beruhigen. Alkohol wird gerne mal als Einschlafhilfe verwendet, betäubt den Konsumenten jedoch, statt den Schlaf einzuleiten.

Das Bett nur zum Schlafen nutzen. Für die Gewöhnung an das Bett als Schlafplatz kann die klassische Konditionierung helfen: probieren Sie das Verfahren der Stimuluskontrolle, um das Bett mit angenehmen Assoziationen zu verbinden. Die Stimuluskontrolle kommt aus der Verhaltenstherapie und beschreibt die Beeinflussung eines Verhaltens, hier des Einschlafens, durch das Verändern der Reizbedingungen, in unserem Fall der Aktivitäten, die im Bett stattfinden. Das bedeutet, dass im Bett keine anderen Tätigkeiten wie zum Beispiel Fernsehen, Telefonieren oder Essen vorkommen. Stattdessen wird das Bett nur mit der Tätigkeit des Schlafens gekoppelt, so dass der Anblick des Betts Sie idealerweise schon müde und schläfrig werden lässt.

Bei Schlaflosigkeit das Bett verlassen. Auch diese Empfehlung ist mit der klassischen Konditionierung verwandt. Hierbei geht es nämlich auch darum, das Bett nur für den Schlaf zu nutzen und es zu verlassen, wenn Sie wach sind. Doch wie kann man gut mit den nächtlichen Wachphasen umgehen? Ein Hinweis hier ist, keinen aktivierenden Tätigkeiten nachzugehen. Zu diesen zählen unter anderem auch das Alkoholtrinken und Rauchen. Beschäftigen Sie sich besser mit etwas, das Sie beruhigt. Dies könnte je nachdem, was Sie gerade benötigen, das Lesen eines Buchs oder Musikhören sein.

Zu lange Nickerchen tagsüber vermeiden. Eine letzte Maßnahme der Schlafhygiene wollen wir nicht außer Acht lassen. Es handelt sich um das Nickerchen am Tage. Es gibt dazu unterschiedliche wissenschaftliche Hinweise, die sich, je nach Länge des Nickerchens, unterscheiden. Zum einen könnten Einschlafprobleme daher rühren, dass der Schlaf am Tage zu lang dauert und den Schlafdruck am Abend senkt. Diese Auswirkung lässt sich gut durch kürzere Powernaps von ca. 20 Minuten vermeiden, da man in dieser Zeit nicht in das Stadium des Tiefschlafs fällt und somit der Schlafdruck nicht beeinflusst wird. Gleichzeitig empfiehlt es sich bei gesundem Schlaf, auch längere Schlafphasen während des Tags einzulegen, da diese genauso erholsam wie der nächtliche Schlaf wirken können.

7.3 Umgang mit Grübeln – alltagstaugliche Tipps

Wir alle kennen den Zustand, bei einem Problem nicht mehr weiterzukommen und ein Gefühl des Steckenbleibens zu spüren. Man möchte sein Problem unbedingt gelöst sehen und arbeitet kräftig daran, doch die Lösung will sich nicht zeigen. Negative Gedankenschleifen stellen meistens Versuche dar, eine Lösung für Probleme, nämlich für mentale Konflikte, zu finden. Die grübelnde Person durchläuft dabei etliche mögliche Gedankenwege, um ein (manchmal nur scheinbar) vorhandenes Problem zu lösen.

Grübeln und negative, sich wiederholende Gedanken stellen eine Quelle für schlechten Schlaf dar. Wie die Forschung zeigt, schlafen Menschen, die viel grübeln, schlechter. Dies haben verschiedene wissenschaftliche Studien gezeigt. Kelly (2002) zeigte auf, dass Studenten, die sich verhältnismäßig viel sorgen, eine signifikant kürzere Schlafdauer aufweisen. Weiterhin zeigten Ergebnisse einer Studie von Rodríguez-Munoz u. a. (2011), dass Sorgen um die berufliche Tätigkeit mit einer schlechteren Schlafqualität assoziiert sind. Außerdem sind auch Sorgen um die Schlaflosigkeit mit Schlafstörungen bei Insomnie-Patient*innen assoziiert (Jansson & Linton, 2006).

Harveys Modell der Insomnie (2002) erläutert den Zusammenhang zwischen Sorgen über den eigenen Schlafmangel und einem vegetativen Erregungszustand, verbunden mit emotionalem Stress. Weiterhin besagt das Modell, dass dieser Erregungszustand zu einer Hyperaufmerksamkeit gegenüber Hinweisen auf Bedrohungen des Schlafs führt, welche wiederum eine verzerrte Sicht auf schlaf-assoziierte Defizite hervorruft, was Schlafmangel befördert.

Um dem Grübeln entgegenzutreten, gibt es verschiedene Methoden. Hier haben wir vier Tipps zusammengestellt, die das depressive Grübeln lindern könnten (Teismann u. a., 2017).

Mindfulness-Based Cognitive Therapy. Entspannungsverfahren können dabei helfen, die Achtsamkeit zu stärken, welche wiederum Grübelgedanken (Rumination) reduzieren kann. Die Anwendung von Achtsamkeit und Akzeptanz basiert auf der Mindfulness-Based Cognitive Therapy für Depressionen (MBCT) von Segal u.a. (2002). Dieser Therapieansatz unterstützt das Bemerken von Grübelgedanken schon bei ihrem Lostreten durch die Anwendung von Achtsamkeit und verhindert damit eine Negativspirale. Außerdem wird ein metakognitives Bewusstsein für die eigenen Gefühle und Gedanken, die nun lediglich als mentale Zustände und nicht als Fakten begriffen werden, geschaffen.

Autogenes Training. Eines der großen Entspannungsverfahren ist das klinisch erforschte autogene Training (Linden, 1994), welches ursprünglich aus der Hypnoseforschung stammt. Die Grundlage bildet Muskelentspannung, die während der Sitzung idealerweise erreicht wird. Dieses Entspannungsverfahren lässt sich den körpertherapeutischen Techniken zuordnen. Die Basis des autogenen Trainings bilden Auto- (= Selbst-)Suggestionen. Indem Schwere- und Wärmewahrnehmungen geschult werden, wird eine psychovegetative Veränderung eingeleitet. Wissenschaftliche Befunde belegen, dass das Training wirksam gegen Schlafstörungen ist (Hirsch & Hespos, 2000).

***Tipp:* Autogenes Training**

Probieren Sie das autogene Training selbst aus! Unter folgendem Link finden Sie eine Anleitung für dieses und weitere Entspannungsverfahren: ***www.lehrergesundheit-schilf.de/entspannung***.

Progressive Muskelentspannung. Für die progressive Muskelentspannung verweisen wir auf Kapitel 6.2.

Expressives Schreiben. Das expressive Schreiben nach Pannebaker und Beall (1986) beschreibt eine Methode des schriftlichen Ausdrucks tieferer Gefühle. Für diese Methode brauchen sie ca. 15–20 Minuten Zeit. Während dieser Zeit schreiben Sie Ihre Gedanken und Gefühle zu einem persönlich belastenden Ereignis auf. Dabei ist es wichtig, ehrlich mit sich zu sein, aber auch im Kopf zu behalten, dass Sie nur für sich und nicht jemand anderen schreiben.

Das expressive Schreiben hat viele positive Effekte: Einerseits berichteten Proband*innen, die das expressive Schreiben anwandten, über weniger Stresssymptome und eine höhere Lebenszufriedenheit (Harris, 2006; Smyth, 1998). Zudem wiesen depressive Personen eine Linderung der Symptomatik auf (Graf u. a., 2008; Gortner u. a., 2006), nachdem sie diese Methodik ausgeübt hatten. Außerdem wirkte das expressive Schreiben stimmungsstabilisierend (Hunt, 1998).

8 Fazit

Welche Relevanz die Gesundheit von Lehrkräften auch für den pädagogischen Auftrag hat, ist deutlich geworden. Gesundheit lässt sich immer verhaltens- und verhältnisorientiert fördern. Obgleich der Schwerpunkt in diesem Buch deutlich verhaltensorientiert ist, braucht es gesellschaftlich-politisch wesentlich stärkere Anstrengungen zur Verbesserung der Rahmenbedingungen. Gewerkschaften und Berufsverbände stellen seit Jahren entsprechende Forderungen.

Allerdings sollte deutlich werden, dass diese Forderungen nicht nur im Interesse der Lehrer*innen sind. Sie sind wesentlich für die Zukunft der Schule. Der sichtbare Personalmangel und damit die teilweise sehr schlechte Unterrichtsversorgung ist nur die Spitze des Eisbergs. Damit das Personal – also die Lehrerinnen und Lehrer – zukünftig in ausreichender Anzahl zur Verfügung stehen, muss der Beruf deutlich an Attraktivität gewinnen. Ein wesentlicher Aspekt ist mit Sicherheit die Frage nach gesunden Arbeitsbedingungen. Hier besteht weiterhin großer Handlungsbedarf.

Etwas unterhalb der Wasserlinie – wenn wir bei dem Bild der Eisbergspitze bleiben – ist die Qualität der pädagogischen Prozesse zu finden. Stress, anhaltende aversive Emotionen und Zeitdruck wirken sich auf die Interaktionsqualität, die Motivation und auch auf kognitive Leistungen von Lehrkräften aus. Wenn die Belastungen hoch sind, wird das Auswirkungen auf die Bildungsqualität haben (Madigan & Kim, 2021). In diesem Sinne sollte Lehrkräftegesundheit von zentralem Interesse für die Länder und die

Kultusministerkonferenz sein – mehr noch: Es sollte von extrem hohem gesellschaftlichen Interesse sein.

Wenn ein Buch wie dieses stärker auf die verhaltensbezogenen Aspekte als auf die Rahmenbedingungen eingeht, dann liegt das daran, dass es den Lehrer*innen konkrete und wissenschaftlich fundierte Möglichkeiten an die Hand geben möchte, die Selbstfürsorge zu stärken, das heißt, die Lehrer*innen zu ermutigen, ihren Teil der Verantwortung wahrzunehmen. Das entlässt jedoch nicht uns als Gesellschaft oder »die Politik« aus der Verantwortung. Bildung ist eine der wichtigsten Ressourcen in Deutschland. Daher sollten alle ihren Teil der Verantwortung wahrnehmen.

Literaturhinweise

Agyapong, B., Obuobi-Donkor, G., Burback, L. & Wei, Y. (2022). Stress, burnout, anxiety and depression among teachers: A scoping review. In: International journal of environmental research and public health, 19(17), 10706.

Aknin, L. B., Van de Vondervoort, J. W. & Hamlin, J. K. (2018). Positive feelings reward and promote prosocial behavior. In: Current opinion in psychology, 20, 55–59.

BAUA (2020). Stressreport Deutschland 2019. Psychische Anforderungen, Ressourcen und Befinden. Bundesanstalt für Arbeitsschutz und Arbeitsmedizin. doi.org/10.21934/baua:Bericht20191007.

Berking, M. (2008). Training emotionaler Kompetenzen: TEK-Schritt für Schritt. Heidelberg: Springer.

Berkovich, I. & Eyal, O. (2018). The effects of principals' communication practices on teachers‹ emotional distress. In: Educational management administration & leadership, 46(4), 642–658.

Bianchi, R. & da Silva Nogueira, D. (2019). Burnout is associated with a depressive interpretation style. In: Stress and Health, 35(5), 642–649.

Boddez, Y., Van Dessel, P. & De Houwer, J. (2022). Learned helplessness and its relevance for psychological suffering: A new perspective illustrated with attachment problems, burn-out, and fatigue complaints. In: Cognition and Emotion, 36(6), 1027–1036.

Bode, M. & Kristensen, D. B. (2015). The digital doppelgänger within: a study on self-tracking and the quantified self movement. In: Canniford, R., Bajde, D. (Hrsg.). Assembling Consumption: Researching actors, networks and markets. London: Routledge, 119–134.

Bödeker, W., Friedl, H.; Röttger, C. & Schröer, A. (2002). Kosten arbeitsbedingter Erkrankungen in Deutschland. Schriftenreihe der Bundesanstalt für Arbeitsschutz und Arbeitsmedizin, Bremerhaven: Wirtschaftsverlag.

Bremm, N. (2020). Umso mehr kommt es auf die Lehrperson an. Defizitperspektiven von Lehrkräften an Schulen in sozialräumlich benachteiligten Lagen (S. 106–127). In: Drucks, S. & Bruland, D.

(Hrsg.). Kritische Lebensereignisse und die Herausforderungen für die Schule. Weinheim/Basel: Beltz Juventa.
Burkhardt, B., Hoppe-Herfurth, A.-C., John, N. & Bilz, L. (2022). Gesundheitsförderung für Lehrkräfte – Inanspruchnahme von gesundheitsförderlichen Maßnahmen im Setting Schule. In: Gesundheitswesen, 84 (11), 1031–1038.
Caldeira, C., Chen, Y., Chan, L., Pham, V., Chen, Y. & Zheng, K. (2018). Mobile apps for mood tracking: an analysis of features and user reviews. In: AMIA Annual Symposium Proceedings, 16. April, 495–504.
Carver, C. S. & Antoni, M. H. (2004). Finding benefit in breast cancer during the year after diagnosis predicts better adjustment 5 to 8 years after diagnosis. In: Health Psychology: Official Journal of the Division of Health Psychology 23(6), 595–598.
Cellini, N. (2017). Memory consolidation in sleep disorders. In: Sleep medicine reviews, 35, 101–112.
Chambers, R., Gullone, E. & Allen, N. B. (2009). Mindful emotion regulation: An integrative review. In: Clinical psychology review, 29(6), 560–572.
Chan, D. W. (2011). Burnout and life satisfaction: Does gratitude intervention make a difference among Chinese school teachers in Hong Kong? In: Educational Psychology, 31(7), 809–823.
Cipolli, C., Mazzetti, M. & Plazzi, G. (2013). Sleep-dependent memory consolidation in patients with sleep disorders. In: Sleep medicine reviews, 17(2), 91–103.
Cleven, A. J., Renaud, A., Larose-Pierre, M., McQuade, B., Griffin, B. L., Johnson, C. & Hughes, J. A. (2023). Associating growth mindset with emotional intelligence and why it's needed for professional identity formation. In: American Journal of Pharmaceutical Education, 87(6), 100110.
Coaston, S. C. (2017). Self-care through self-compassion: A balm for burnout. In: Professional Counselor, 7(3), 285–297.
Cohen, S. & McKay, G. (2020). Social support, stress and the buffering hypothesis: A theoretical analysis. In: Handbook of psychology and health. Vol. IV (253–267). London: Routledge.
Cohen, S., Rothbart, M. & Phillips, S. (1976). Locus of control and the

generality of learned helplessness in humans. In: Journal of Personality and Social Psychology, 34(6), 1049.
Crönlein, T., Langguth, B., Busch, V., Rupprecht, R. & Wetter, T. C. (2015). Severe chronic insomnia is not associated with higher body mass index. In: Journal of Sleep Research, 24(5), 514–517.
Dadaczynski, K. (2021). Gesundheitsförderung ist auch Führungsaufgabe. Der Beitrag der Schulleitung zur Gestaltung schulischer Gesundheitsförderung. In: Schule leiten, 25, 3–5.
Damgaard, M. T., Nielsen, H. S. (2018). Nudging in education. In: Economics of Education Review, 64, 313–342.
Dang-Vu, T. T., Desseilles, M., Peigneux, P. & Maquet, P. (2006). A role for sleep in brain plasticity. In: Pediatric rehabilitation, 9(2), 98–118.
Declerck, C. H., Boone, C. & Kiyonari, T. (2014). The effect of oxytocin on cooperation in a prisoner's dilemma depends on the social context and a person's social value orientation. In: Social cognitive and affective neuroscience, 9(6), 802–809.
Diekelmann, S., Steiger, A. (2016). Gedächtnis und Schlaf. In: Somnologie 20, 6–7.
Dreer, B. (2024). Teachers' well-being and job satisfaction: The important role of positive emotions in the workplace. In: Educational studies, 50(1), 61–77.
Drucks, S. & Bremm, N. (2021). Funktionen von Defizitorientierungen von Lehrkräften im Kontext unterschiedlicher herausfordernder Lagen. In: Schulen in herausfordernden Lagen –Forschungsbefunde und Schulentwicklung in der Region Ruhr, 244–276.
Dweck, C. & Yeager, D. (2020). A growth mindset about intelligence. In: Walton, G. M. & Crum, A. J. (Hrsg.). Handbook of wise interventions: How social psychology can help people change, 9–35.
Eagle, D. E., Hybels, C. F. & Proeschold-Bell, R. J. (2019). Perceived social support, received social support, and depression among clergy. In: Journal of Social and Personal Relationships, 36(7), 2055–2073.
Ebenberger, A. & Engelbrecht, L. (2019). Kompetenzanforderungen an Junglehrer/-innen im Lichte von Praxiserfahrungen von Lehrer/-innen in integrativen, fremdsprachlichen Settings. In: Pädagogische Horizonte, 3(1), 97–116.

Eckert, M., Tarnowski, T. (2022). Stress- und Emotionsregulation. Trainingsmanual zum Programm »Stark im Stress«. 2., überarb. Aufl. Weinheim: Beltz.

Eckert, M., Tarnowski, T., Mertens, L. (2019). Stress- und Emotionsregulation für Jugendliche. Trainingsmanual zum Programm »Stark im Stress«. Weinheim: Beltz.

Eckert, M., Ebert, D. & Sieland, B. (2013). Wie gehen Lehrkräfte mit Belastungen um? Belastungsregulation als Aufgabe und Ziel für Lehrkräfte und Schüler. In: Rothland. M. (Hrsg.). Belastung und Beanspruchung im Lehrerberuf. Modelle. Befunde. Interventionen. 2., überarb. und erw. Aufl. Wiesbaden: Springer VS, 193–211.

Eckert, M., Puchalla, D., von Prittwitz, V., Roeßler, A., Tarnowski, T. & Sieland, B. (2019). Das Sprecherziehungs-Emotionsregulations-Modell (SERM) im Lehramtsstudium: Regulation von aversiven Emotionen während des Sprechens. In: sprechen, 5.

Fogg, B. J. (2021). Die Tiny Habits®-Methode: Kleine Schritte, große Wirkung. München: btb.

Fredrickson, B. L. (2004). The broaden-and-build theory of positive emotions. In: Philosophical transactions of the royal society of London. Series B: Biological Sciences, 359(1449), 1367–1377.

Frenzel, A. C., Daniels, L. & Burić, I. (2021). Teacher emotions in the classroom and their implications for students. In: Educational Psychologist, 56(4), 250–264.

Fröhlich, G. (2019). Die Geschichte medienbasierter Selbsttechnologie von Rousseau bis Runtastic. In: Grenzel, P., Krotz, F., Wimmer, J. & Winter R. (Hrsg.). Das Vergessene Subjekt. Subjektkonstitutionen in medialisierten Alltagswelten. Wiesbaden: Springer, 207–226.

Fuhrmann, Ben (2024). Ich schaffs! Spielerisch und praktisch Lösungen mit Kindern finden. Das 15-Schritte-Programm für Eltern, Erzieher und Therapeuten. Heidelberg: Auer.

Galla, T. (2011). Cycles of cooperation and defection in imperfect learning. In: Journal of Statistical Mechanics: Theory and Experiment, 2011(8), P08007.

García-Carmona, M., Marín, M. D. & Aguayo, R. (2019). Burnout syndrome in secondary school teachers: A systematic review

and meta-analysis. In: Social Psychology of Education, 22, 189–208.
GEW, 27. 1. 2023. www.gew.de/presse/pressemitteilungen/detailseite/gew-politik-darf-eigene-fehler-nicht-auf-dem-ruecken-der-lehrkraefte-austragen (Stand: 29. 4. 2024).
Gierc, M., Jackowich, R. A., Halliday, S. & Davidson, J. R. (2023). A scoping study of insomnia symptoms in school teachers. In: Behavioral sleep medicine, 21(3), 304–321.
Glaeske, G., Francke, R., Kirschner, K., Kolip, P. & Mühlenbruch, S. (2003). Prävention und Gesundheitsförderung stärken und ausbauen. Diskussionspapier im Auftrag des Gesprächskreises Arbeit und Soziales der Friedrich-Ebert-Stiftung.
Goldstein, A. N., Walker, M. P. (2014). The role of sleep in emotional brain function. In: Annual Review of Clinical Psychology, 10, 679–708.
Gortner, E.-M., Rude, S.-S. & Pennebaker, J.-W. (2006). Benefits of expressive writing in lowering rumination and depressive symptoms. In: Behavior Therapy, 37, 292–303.
Graf, M. C., Gaudiano, B. A. & Geller, P. A. (2008). Written emotional disclosure: A controlled study of the benefits of expressive writing homework in outpatient psychotherapy. In: Psychotherapy Research, 18, 389–399.
Grandey, A. A. (2000). Emotional regulation in the workplace: A new way to conceptualize emotional labor. In: Journal of Occupational Health Psychology, 5(1), 95–110.
Greenberg, L. S. (2002). Integrating an emotion-focused approach to treatment into psychotherapy integration. In: Journal of psychotherapy integration, 12(2), 154–189.
Hägg, G. M. (1991). Static work loads and occupational myalgia – a new explanation model. In: Anderson, P. A., Hobart, D. J. & Danoff, J. V. (Hrsg.). Electromyographical Kinesiology. Amsterdam: Elsevier, 141–144.
Handlin, L., Novembre, G., Lindholm, H., Kämpe, R. & Paul, E. (2023). Human endogenous oxytocin and its neural correlates show adaptive responses to social touch based on recent social context. In: Elife, 12, e81197.

Harris, A. H. S. (2006). Does expressive writing reduce health care utilization? A meta-analysis of randomized trials. In: Journal of Consulting and Clinical Psychology, 74, 243–252.

Hartmann, A., Rückmann, J. & Tannen, A. (2020). Individuelle Gesundheitskompetenz von Lehrkräften und deren (Un)Sicherheit im Umgang mit chronisch erkrankten Schulkindern und Notfallsituationen. In: Bundesgesundheitsblatt, 63, 1168–1176.

Harvey, A. G. (2002). A cognitive model of insomnia. In: Behaviour research and therapy, 40(8), 869–893.

Hattie, J. & Timperley, H. (2007). The power of feedback. In: Review of educational research, 77(1), 81–112.

Hirsch, R. D., Hespos, M. (2000). Autogenes Training bis ins hohe Alter. München/Basel: Reinhardt.

Holt-Lunstad, J., Smith, T. B., Baker, M., Harris, T. & Stephenson, D. (2015). Loneliness and social isolation as risk factors for mortality: a meta-analytic review. In: Perspectives on psychological science, 10(2), 227–237.

Hu, T., Zhang, D. & Yang, Z. (2015). The relationship between attributional style for negative outcomes and depression: A meta-analysis. In: Journal of Social and Clinical Psychology, 34(4), 304–321.

Hunt, M. G. (1998). The only way out is through: emotional processing and recovery after a depressing life event. Behaviour Research and Therapy, 36, 361–384

Hussain, M. S., Khan, S. A. & Bidar, M. C. (2022). Self-efficacy of teachers: a review of the literature. In: Jamshedpur Research Review, 1(50), 110–116.

Jansson, M. & Linton, S. J. (2006). The development of insomnia within the first year: A focus on worry. In: British Journal of Health Psychology, 11(3), 501–511. (dx.doi.org/10.1348/135910705X57412.)

Kahneman, D. (2012). Schnelles Denken, langsames Denken. München: Siedler.

Kaluza, G. (2023). Gelassen und sicher im Stress - Das Stresskompetenz-Buch: Stress erkennen, verstehen, bewältigen. 8. Aufl. Berlin/Heidelberg: Springer.

Kelly, W. E. (2002). Worry and sleep length revisited: Worry, sleep length, and sleep disturbance ascribed to worry. In: The Journal of

Genetic Psychology, 163(3), 296–304. (dx.doi.org/10.1080/00221320209598685.)
Kenworthy, J., Fay, C., Frame, M. & Petree, R. (2014). A meta-analytic review of the relationship between emotional dissonance and emotional exhaustion. In: Journal of Applied Social Psychology, 44(2), 94–105.
Klärner, A. & von der Lippe, H. (2020). Wirkmechanismen in sozialen Netzwerken. In: Klärner, A., Gamper, M., Keim-Klärner, S., Moor, I., von der Lippe, H. & Vonneilich, N. (Hrsg.). Soziale Netzwerke und gesundheitliche Ungleichheiten: Eine neue Perspektive für die Forschung. Berlin: Springer, 65–86.
Kolb, B. & Whishaw, I. Q. (1998). Brain plasticity and behavior. In: Annual review of psychology, 49(1), 43–64.
Konrad, K. (2022). Zeit des Wandels und der Initiative. Änderungen unterstützen – Gewohnheiten stabilisieren. Wiesbaden: Springer.
Kostøl, E. M. F. & Cameron, D. L. (2022). Teachers'responses to children in emotional distress: A study of co-regulation in the first year of primary school in Norway. In: Brundrett, M., Latham, P., Mistry, M., Murray, M., Taylor, B. & Wood, P. (Hrsg.). Contemporary Issues in Primary Education. London: Routledge, 199–210.
Krajic, K., Dietscher, C., Pelikan, J. (2023). Soziologie der Krankheitsprävention. In: Richter, M., Hurrelmann, K. (Hrsg.). Soziologie von Gesundheit und Krankheit. Wiesbaden: Springer VS, 479–501.
Krause, A., Dorsemagen, C. & Peters, K. (2011). interessierte selbstgefährdung. In: Vigo Management. Das Forum für Führungskräfte, 3(3), 2–5.
Krause, A., Dorsemagen, C., Stadlinger, J. & Baeriswyl, S. (2012). Indirekte Steuerung und interessierte Selbstgefährdung: Ergebnisse aus Befragungen und Fallstudien. Konsequenzen für das Betriebliche Gesundheitsmanagement. In: Badura, B. [u. a.] (Hrsg.). Fehlzeiten-Report 2012: Gesundheit in der flexiblen Arbeitswelt: Chancen nutzen – Risiken minimieren. Berlin/Heidelberg: Springer, 191–202.
Lagan, S., D'Mello, R., Vaidyam, A., Bilden, R. & Torous, J. (2021). Assessing mental health apps marketplaces with objective metrics

from 29,190 data points from 278 apps. In: Acta Psychiatrica Scandinavia, 144(2), 201–210. (doi: 10.1111/acps.13306.)

Lehr, D. (2014). Belastung und Beanspruchung im Lehrerberuf: Gesundheitliche Situation und Evidenz für Risikofaktoren. In: Terhart, E., Bennewitz, H. & Rothland, M. (Hrsg.). Handbuch der Forschung zum Lehrerberuf. 2., überarb. und erw. Aufl. Münster / New York: Waxmann, 947–967.

Lehr, D., Schmitz, E. & Hillert, A. (2008). Bewältigungsmuster und psychische Gesundheit. Eine clusteranalytische Untersuchung zu Bewältigungsmustern im Lehrerberuf. In: Zeitschrift für Arbeits- und Organisationspsychologie 52, 3–16.

Lehr, D., Sosnowsky, N. & Hillert, A. (2007). Stressbezogene Interventionen zur Prävention von psychischen Störungen im Lehrerberuf: AGIL »Arbeit und Gesundheit im Lehrerberuf« als Beispiel einer Intervention zur Verhaltensprävention. In: Rothland, M. (Hrsg.). Belastung und Beanspruchung im Lehrerberuf. Modelle. Befunde. Interventionen. Wiesbaden: VS Verlag für Sozialwissenschaften, 267–289.

Lengerke, Th. von, Manz, R. (2007). Krankheitsprävention und Gesundheitsförderung. In: Lengerke, Th. von (Hrsg.): Public Healthpsychologie: Individuum und Bevölkerung zwischen Verhältnissen und Verhalten, Weinheim/München: Juventa Verlag, S. 19–31.

Leppin, A. (2010). Konzepte und Strategien der Prävention. In: Hurrelmann, K., Klotz, T. & Haisch, J. (Hrsg.): Lehrbuch Prävention und Gesundheitsförderung. 3. Aufl. Bern: Huber, S. 35–44.

Levav, J. & McGraw, A. P. (2009). Emotional accounting: How feelings about money influence consumer choice. In: Journal of Marketing Research, 46(1), 66–80.

Linden, W. (1994). Autogenic training: a narrative and quantitative review of clinical outcome. In: Biofeedback and Self-Regulation, 19, 227–264.

Lohmann-Haislah, Andrea (2012). Stressreport Deutschland 2012. Psychische Anforderungen, Ressourcen und Befinden. Dortmund: Bundesanstalt für Arbeitsschutz und Arbeitsmedizin. www.baua.de/DE/Angebote/Publikationen/Berichte/Gd68.html (Stand: 10. 5. 2024).

Loss, J., Lindacher, V. (2023). Gesundheitsförderung: Idee, Konzepte und Vorgehensweisen. In: Richter, M., Hurrelmann, K. (Hrsg.). Soziologie von Gesundheit und Krankheit. Wiesbaden: Springer VS, S. 503–518.

Luce, R. D. & Raiffa, H. (1957). Games and decisions: Introduction and critical survey. New York: Wiley.

Lutchyn, Y., Johns, P., Roseway, A. & Czerwinski, M. (2015). MoodTracker: Monitoring collective emotions in the workplace. In: Proceedings of the 2015 International Conference on Affective Computing and Intelligent Interaction (ACII) (ACII '15). Washington: IEEE Computer Society, 295–301. (doi.org/10.1109/ACII.2015.7344586.)

LVG & AFS (Landesvereinigung für Gesundheit und Akademie für Sozialmedizin Niedersachsen e. V.) (2022). Gesundheitsmanagements an Schulen. Ein Handlungsleitfaden. www.gesundheit-nds-hb.de/fileadmin/Aktuelle_Meldungen/2022/gll-handlungsleitfaden.pdf (Stand: 10. 4. 2024).

Madigan, D. J. & Kim, L. E. (2021). Does teacher burnout affect students? A systematic review of its association with academic achievement and student-reported outcomes. In: International journal of educational research, 105, 101714.

Matsushita, H., Latt, H. M., Koga, Y., Nishiki, T. & Matsui, H. (2019). Oxytocin and stress: neural mechanisms, stress-related disorders, and therapeutic approaches. In: Neuroscience, 417, 1–10.

McGregor, B. A., Antoni, M. H., Boyers, A., Alferi, S. M., Blomberg, B. B. & Carver, C. S. (2004). Cognitive-behavioral stress management increases benefit finding and immune function among women with early-stage breast cancer. In: Journal of psychosomatic research, 56(1), 1–8.

Medina, A. & Beyebach, M. (2014). The impact of solution-focused training on professionals' beliefs, practices and burnout of child protection workers in Tenerife Island. In: Child care in practice, 20(1), 7–36.

Melrose, K. L., Brown, G. D. & Wood, A. M. (2015). When is received social support related to perceived support and well-being? When it is needed.In: Personality and individual differences, 77, 97–105.

Nagase, K., Tsunoda, K. & Fujita, K. (2020). The effect of teachers' attitudes and teacher efficacy for inclusive education on emotional distress in primary school teachers in Japan. In: Frontiers in Education, 5, 570988.

NAK (Nationale Arbeitsschutzkonferenz) (2017). Leitlinie Gefährdungsbeurteilung und Dokumentation. www.gda-portal.de/DE/Aufsichtshandeln/Gefaehrdungsbeurteilung/Gefaehrdungsbeurteilung_node.html (Stand: 10. 4. 2024).

Oettingen, G. (2015). Die Psychologie des Gelingens. München: Pattloch.

Orbell, S. & Sheeran, P. (1998). ›Inclined abstainers‹: A problem for predicting health-related behaviour. In: The British Journal of Social Psychology, 37 (2), 151–165.

Paulus, P. & Dadaczynski, K. (2016). Gesundheitsförderung und Schule. Leitbegriff der Gesundheitsförderung. www.leitbegriffe.bzga.de/alphabetisches-verzeichnis/gesundheitsfoerderung-und-schule (Stand: 10. 4. 2024).

Pennebaker, J. W. & Beall, S. K. (1986). Confronting a traumatic event: Towards an understanding of inhibition and disease. In: Journal of Abnormal Psychology, 95, 274–281.

Philipsborn, P. von & Geffert, K. (2021). Gesundheitsförderung auf Bevölkerungsebene. In: Schmidt-Semisch, H. & Schorb, F. (Hrsg.). Public Health. Sozialwissenschaftliche Gesundheitsforschung. Wiesbaden: Springer VS.

Prati, G. & Pietrantoni, L. (2010). The relation of perceived and received social support to mental health among first responders: a meta-analytic review. In: Journal of Community Psychology, 38(3), 403–417.

Pritz, S. (2016). Mood Tracking. Zur digitalen Selbstvermessung der Gefühle. In: Selke, S. (Hrsg.). Lifelogging. Digitale Selbstvermessung und Lebensprotokollierung zwischen disruptiver Technologie und kulturellem Wandel. Wiesbaden: Springer Fachmedien, 127–150.

Purves, D., Augustine. G. J., Fitzpatrick. D. [u. a.] (Hrsg.) (2001). Neuroscience. 2. Aufl. Sunderland: Sinauer.Rahimi, A. & Bigdeli, R. A. (2014). The broaden-and-build theory of positive emotions in

second language learning. In: Procedia-social and behavioral sciences, 159, 795–801.
Redín, C. I. & Erro-Garcés, A. (2020). Stress in teaching professionals across Europe. In: International Journal of Educational Research, 103, 101623.
Roberts, A. M., LoCasale-Crouch, J., Hamre, B. K. & Jamil, F. M. (2020). Preschool teachers' self-efficacy, burnout, and stress in online professional development: A mixed methods approach to understand change. In: Journal of Early Childhood Teacher Education, 41(3), 262–283.
Rodríguez-Muñoz, A., Notelaers, G. & Moreno-Jiménez, B. (2011). Workplace bullying and sleep quality: The mediating role of worry and need for recovery. In: Behavioral Psychology / Psicología Conductual: Revista Internacional Clínica y de la Salud, 19(2), 453–468.
Rosenbrock, R. & Kümpers, S. (2006). Primärprävention als Beitrag zur Verminderung sozial bedingter Ungleichheit von Gesundheitschancen. In: Richter, M. & Hurrelmann, K. (Hrsg.). Gesundheitliche Ungleichheiten: Grundlagen, Probleme, Perspektiven. Wiesbaden: VS Verlag für Sozialwissenschaften, 371–388.
Rosenbrock, R. & Michel, C. (2007). Primäre Prävention: Bausteine für eine systematische Gesundheitssicherung. Berlin: MWV Medizinisch Wissenschaftliche Verlagsgesellschaft.
Scherenberg, V. & Erhart, M. (2020). Stresslogging: Möglichkeiten und Grenzen der Vermessung von Gefühlen via Mood-Tracking. In: Scherenberg, V., Pundt, J. (Hrsg.). Psychische Gesundheit stärken – aber wie? Bremen: APOLLON University Verlag, 259–282.
Scherenberg, V. & Lampert, C. (2021). HealthApps4Teens Report. Report über Gesundheits-Apps für Jugendliche im Auftrag der Techniker Krankenkasse. https://leibniz-hbi.de/uploads/media/default/cms/media/2dol5to_healthapps4teens-Projektbericht.pdf (Stand: 24. 3. 2024).
Scherenberg, V. (2022). Präventionsmarketing: Ziel- und Risikogruppen gewinnen und motivieren. München: UVK Verlag.
Schmal, J. (2016). Schlaf und Erholung.In: Heilberufe 68, 49–50.
Schueller, S. M., Neary, M., Lai, J. & Epstein, D. A. (2021). Understand-

ing people's use of and perspectives on mood-tracking apps: Interview study. In: JMIR Mental Health, 8(8), e29368. (doi: 10.2196/29368.)

Segal, Z. V., Williams, J. M. & Teasdale J. (2002). Mindfulnessbased cognitive therapy for depression: A new approach to preventing relapse. New York: The Guilford Press.

Sheeran, P. (2002). Intention – Behavior Relations: A conceptual and empirical review. In: European review of social psychology, 12, 1–36.

Sheeran, P. & Webb, T. (2016). The intention-behavior gap. In: Social and personality psychology compass, 10, 503–518.

Sieland, B. (2022). gesundheit muss man ernsthaft WOLLEN! Von der tolerierten Gesundheitsignoranz zum proaktiven Gesundheitsleitbild. In: schulverwaltung spezial 2/2022.

Smith, R. W., Holt-Lunstad, J. & Kawachi, I. (2023). Benchmarking social isolation, loneliness, and smoking: challenges and opportunities for public health. In: American Journal of Epidemiology, 192(8), 1238–1242.

Smyth, J. M. (1998). Written emotional expression: Effect sizes, outcome types, and moderating variables. In: Journal of Consulting and Clinical Psychology, 66, 174–184.

Sonnentag, S. (2018). The recovery paradox: Portraying the complex interplay between job stressors, lack of recovery, and poor well-being. In: Research in Organizational Behavior, 38, 169–185. (doi.org/10.1016/j.riob.2018.11.002.)

Tagesschau, 21. 1. 2023. www.tagesschau.de/inland/gesellschaft/lehrermangel-115.html (Stand: 1. 10. 2023).

Takayanagi, Y. & Onaka, T. (2021). Roles of oxytocin in stress responses, allostasis and resilience. In: International journal of molecular sciences, 23(1), 150.

Taylor, S. E. (2012). Tend and befriend theory. In: Van Lange, P., Kruglanski, A. W. & Higgins, E. T. (Hrsg.). Handbook of theories of social psychology. 1. Los Angeles [u. a.]: Sage, 32–49.

Teismann, T., Hanning, S., Brachel, R. & Willutzki, U. (2017). Kognitive Verhaltenstherapie depressiven Grübelns. Berlin/Heidelberg: Springer.

Thomas, C. & Rose, J. (2010). The relationship between reciprocity and the emotional and behavioural responses of staff. In: Journal of Applied Research in Intellectual Disabilities, 23(2), 167–178.

Van den Berg, F., Verhagen, C. & Uitenbroek, D. (2014). The relation between scores on noise annoyance and noise. In: International journal of environmental research and public health, 11(2), 2314–2327.

Weeß, H. G. & Landwehr, R. (2009). Phänomenologie, Funktion und Physiologie des Schlafes. In: Psychotherapie im Dialog, 10(2), 101–106.

Wehr, T. A. (1992). A brain warming function of REM sleep. In: Neuroscience & Biobehavioral Reviews, 16(3), 379–397.

Werdecker, L. & Esch, T. (2022). Stress und Gesundheit. In: Haring, R. (Hrsg.): Gesundheitswissenschaften. Springer Reference Pflege – Therapie – Gesundheit. Berlin/Heidelberg: Springer.

Wesselborg, B. & Bauknecht, J. (2023). Belastungs- und Resilienzfaktoren vor dem Hintergrund psychischer Erschöpfung und Ansätzen der Gesundheitsförderung im Lehrerberuf. In: Prävention und Gesundheitsförderung 18, 282–289.

Wethington, E. & Kessler, R. C. (1986). Perceived support, received support, and adjustment to stressful life events. In: Journal of Health and Social behavior, 78–89.

Winkler G., Purtscher A. E. & Streber A. (2020). Die Kunst, Essen geschickt zu platzieren. Planegg: Neuer Merkur GmbH.

Wisniewski, B., Zierer, K. & Hattie, J. (2020). The power of feedback revisited: A meta-analysis of educational feedback research. In: Frontiers in psychology, 10, 3087.

Wuttig, D. (2008). Evaluation eines Projektes zur kollegialen Supervision für Lehrkräfte: Kooperative Entwicklungssteuerung durch Selbstmanagement (KESS). Saarbrücken: VDM Verlag Dr. Müller.

Yeager, D. S. & Dweck, C. S. (2020). What can be learned from growth mindset controversies? In: The American Psychologist, 75(9), 1269–1284.

Zilka, A., Nussbaum, S. & Bogler, R. (2023). The relationships among growth mindset, flow, critically reflective behavior and teacher burnout. In: International Journal of School & Educational Psychology, 11(4), 367–379.

Zu den Autor*innen

Prof. Dr. MARCUS ECKERT ist ausgebildeter Lehrer und klinischer Psychologe, mit dem Schwerpunkt Schul- und Entwicklungspsychologie. Für diese Schwerpunkte hat er eine Professur an der APOLLON Hochschule der Gesundheitswirtschaft in Bremen inne. Als Mitinhaber und Geschäftsführer des Instituts LernGesundheit (*www.lehrergesundheit-schilf.de*) arbeitet er seit Jahren mit Lehrer*innen und Schüler*innen zu Themen mentaler Gesundheit, Kommunikation und Classroom Management. Zudem entwickelte er bewährte Programme wie das Training »Stark im Stress« oder das »Klinische Classroom Management«. Zusammen mit Prof. Dr. Viviane Scherenberg leitet er die Forschungsgruppe »Bildung und Gesundheit« an der APOLLON Hochschule. Privat lebt er mit seiner Frau, seinen beiden Kindern und Hund Peppa in Bremen.

Prof. Dr. VIVIANE SCHERENBERG ist seit 2009 als Autorin und Lehrbeauftragte für den Bereich Public Health und seit 2011 als Dekanin für den Fachbereich Public Health und Umweltgesundheit bei der APOLLON Hochschule der Gesundheitswirtschaft in Bremen tätig. Zuvor studierte sie Betriebswirtschaft (Marketing) an der Hochschule AKAD, Angewandte Gesundheitswissenschaften und Public Health an der Universität Bielefeld und promovierte am Zentrum für Sozialpolitik (Universität Bremen) bei Professor Gerd Glaeske. Sie ist Autorin zahlreicher Publikationen, mit Forschungsschwerpunkt auf zukunftsrelevanter Prävention (wie z. B. digitale Prävention, digitale Gesundheitskompetenz, Klimawandel und Gesundheit). Zusammen mit Prof. Dr. Marcus Eckert leitet sie die Forschungsgruppe »Bildung und Gesundheit« an der APOLLON Hochschule.

EVA SCHANDRO ist Psychologin. Sie studierte unter anderem in den Niederlanden, Deutschland und der Schweiz. In ihrer Tätigkeit als wissenschaftliche Mitarbeiterin beschäftigt sie sich in Lehre und Forschung mit den Themen psychische Gesundheit und Wohlbefinden. Sie lebt und arbeitet in Bremen.